小学生のうちに身につけたい！

「勉強」のキホン

Stay hungry.Stay foolish.
さくら個別指導学院
國立拓治

あさ出版

はじめに

小学生の勉強には、親のサポートが欠かせません。

なぜなら、主体的に勉強をするには小学生はまだまだ幼く、親が支えず子ども自身に任せてしまうと、大半の子は勉強がわからなくなっていってしまうからです。

小学生が挑戦する中学受験が「親子の受験」と呼ばれることがあるのも、まだ幼い小学生が1人で取り組むには難しく、親のサポート無しには突破できないからでしょう。

また、中学受験を選択しなかったご家庭でも、

・親子で一緒に九九を覚えた
・都道府県名の口頭テストをした
・テストのために親子で特訓をしたおかげで、高得点を取れた

こんな成功体験はたくさんあるでしょう。

中学受験をする、しないにかかわらず、小学生の間は、親が子に声をかけ、子が親のアドバイスに耳を傾けて、親子で協力し一丸とならなければ、〝勉強する〟のはなかなか難しい時期なのです。


ただ、親子が力をあわせて同じ目標に向かうという蜜月は、子どもが中学に入学し、中1の2学期頃には終わりを迎えます。

子どもたちが思春期を迎え、精神的に成長をし、親離れがはじまるためです。

勉強に限らず、すべてにおいて一緒にがんばってきたのに、子どもは親の介入を嫌がるようになります。

「あの日々は夢だったのではないか」と思ってしまうほどの子の変貌ぶりを、親は目

の当たりにするのです。

一方で、中学生になると、勉強量はグッと増え、授業時間も伸び、部活がはじまり、友だち関係も新しくなるなど、子どもたちは大きな環境の変化に直面します。中には、うまく中学生活になじめなかったり、勉強面で苦労したりする子も出てきます。

心身ともにまだ幼い入学当初の子どもたちは、環境の大きな変化についていけないことがあるのです。

この状況を「中1ショック」といいます。我が子が自分の手を離れようとするそのタイミングで、この中1ショックが襲うのです。

先にもいった通り、いくら親が力になりたくても、この時期の子どもはいうことを素直に受け取れなくなってきています。

うまく中学生活に順応できない我が子、しかしアドバイスをしても耳を傾けない我が子、手詰まりの親……。

こういった事態になるのを避けたいのは、どの親御さんも同じ思いでしょう。

中1ショックを回避するために、できることはやっておきたいものですが、ただ、部活や友人関係については、中学校生活がはじまってみなければわかりません。

そこで、**〝準備ができること〟、すなわち、中学生以降の勉強について、子どもが親のいうことに素直に耳を傾けてくれる小学校６年生のうちから、しっかり準備をしていこう**、というのが本書の内容です。

申し遅れました。

私、愛知県で学習塾「さくら個別指導学院」（以下、当塾）を運営している國立拓治と申します。

はじめに、私がなぜ本書で、小学校６年生のうちに中学生以降の勉強の準備をしておくことの必要性について今語りたいと思ったのか、また、どうしてそれが可能なのか、３つの理由とその根拠をお伝えさせてください。

１つ目。

私は、これまで多くの小中学生を指導してきました。

指導歴は20年以上、その間に指導した生徒数は２０００名を超えています。

当塾では、定期的に三者面談も行うため、つまり2000組以上の親子の奮闘をずっとそばで見て、アドバイスしてきたのです。

それこそ、中1ショックに直面して苦戦する子どもたち、そんな我が子に力を貸せず歯がゆい思いをしていらっしゃる親御さんたちからの相談も多く、ともに解決の道を切り開いてきた経験もまた数多く持っています。

2つ目。

私は日々、小中学生とその親御さんへ向けてブログを書いていますが、学習塾ブログというジャンルでは、日本でダントツのアクセス数（月間50万ページビュー以上）を集めています。

当塾開業日から今日まで、毎日書いているこのブログは、記事数も4000を超えました。10年以上、ブログを通じて、さまざまな言葉をかけ続けてきた結果、全国の小中学生のお子さんを持つ親御さんはもちろんのこと、同業者である学習塾、さらには、アメリカ、ベルギー、中国、インドネシアなど世界各国から日本に帰国するご家庭からの学習相談が殺到しています。

3つ目。

私自身、もともと勉強が得意ではなく、つまずき続けてきました。

中学時代の通知表では、特に苦手な数学の成績は「2」がほとんどでした。

努力しているのに、成績が伸びない苦しさやつらさを、痛いほど知っているのです。

自分自身が勉強につまずき続けてきたからこそ、見える景色があります。

何より、「どこでつまずくのか、どうつまずくのか、どうすればつまずかずにいられるのか？」は、実際につまずき、それを克服した人こそ、一番理解しています。

だからこそ私は、「中1ショック」を回避したいお子さん、親御さんのお役に立てると自負しているのです。


以上3つの理由から、小学生のうちに身につけておきたい学習法について、私からお伝えさせていただきたいのです。

現在、当塾では、中学校に入って勉強に苦戦する中下位層のお子さんを、本書でこれからお伝えする〝さくらメソッド〟で伸ばしています。

私の長年の経験からたどり着いたこの勉強のキホンの型ともいえる〝さくらメソッ

ド〟では、偏差値40台、場合によっては30台であった生徒が、70台近くまで伸びることも珍しくないのです。

中学生向けの〝さくらメソッド〟を小学生向けにアレンジすることで、中1ショックを起こさずスムーズに中学生活になじめるようにしていきます。

さて、本書でご紹介する内容は大まかに、

1章「中学生になるまでに身につけたい勉強のやり方（基本編）」

「魔法のような」勉強法はないが、「成果が上がる」正しい勉強法はある。

さくらメソッドの核ともいえる〝成果の出る勉強のやり方〟の基本を大きく7つにまとめて解説。


2章「中学生になるまでに身につけたい勉強のやり方（応用編）」

より範囲の広いテストも「やり方」がわかれば怖くない。

中学校での定期テストを想定した3つの応用ルールを解説。

3章「取り組んではいけない危険な勉強法ワースト5」

どんなに時間をかけて勉強しても、やり方を間違えれば「ムダ」になる。

ヤバい結果を招かないためにも、避けたほうがいい勉強法について解説。


4章「教科別・中学校入学までに必ずマスターしたい要点」

すべてを理解しなくても、「要点」を完璧にすれば心配いらない。

時間があり、親のいうことを聞いて勉強に取り組むことができる小学生の間に、「じっくり時間をかけて、復習し、身につけるべき要点」を教科別に厳選して解説。


5章「親が心がけたい学習サポート」

成績のいい家庭には「学習サポート」に驚くべき共通点がある。

2000組を超える、小中学生の親子を20年以上もの間見てわかった、学習サポートの仕方について解説。

となっています。

繰り返しになりますが、中学に入学して少しすると、子どもは親のいうことをなかなか聞かなくなってきます。

そのタイミングで、試練となる中1ショックは襲ってきます。

中1ショックが襲う前の今こそ、我が子が親のいうことを聞いてくれている今こそ、ずっと使える〝成果の出る勉強法〟をぜひ一緒に身につけていきましょう。

もくじ

2章

中学生になるまでに身につけたい勉強のやり方(応用編)

3章

取り組んではいけない危険な勉強法ワースト5

4章

教科別・中学校入学までに必ずマスターしたい要点

5章

親が心掛けたい学習サポート

本文デザイン／ｍｉｋａ
編集協力／玉置見帆

1章

中学生になるまでに身につけたい勉強のやり方（基本編）

1章を読む前に

――「魔法のような」勉強法はないが、「成果が上がる」正しい勉強法はある

当塾では入塾後、学年（年齢）にかかわらず、まず、〝勉強のやり方〟についてみっちり指導します。

実は、小学生までは単元ごとの短いテスト範囲のおかげで、少々勉強法がマズくても、テストで点が取れてしまうことも多いのです。しかし、中学生になりテスト範囲が広くなると、〝勉強法〟いかんで、ずいぶんと点数が変わってしまいます。

それなりに真面目にコツコツ勉強しているのに、定期テストで苦戦している中学生の場合、勉強法に原因があることが非常に多いのです。

そのため、中学生になってから勉強で苦しむことのないように、まずは正しい勉強法をしっかり身につけてもらうわけです。

先日、中学生ＹｏｕＴｕｂｅｒが自分の勉強風景を実況する動画をいくつか見たのですが、私は稲妻に打たれるようなショックを受けました。

その勉強法があまりにひどかったのです。大きく間違っていたのです。

テスト前日の勉強を映した再生数80万回以上の動画では、スマホ片手に音楽を聞きながら、延々と教科書をノートに丸写しする様子が流れていました。

また、学校で配付された要点の暗記ができるように作られたプリントを、わざわざまるごとノートに書き直す動画が、再生回数40万回越えでした。

あえてキツイいい方をすると、どちらも脳に負担がかからない勉強風の時間つぶし。

「中学生がこれを見て、テスト勉強はこういうものだと思うといけないし、よかったら指導に行くよ？」なんていいたくなる動画で、ショックで倒れそうでした。

意気揚々と楽しげに、自分が勉強に取り組んでいる様子を紹介していたその子たちは、その勉強法が間違っているなどとは思っていないでしょう。

〝結果が出る正しい勉強法〟を身につけて、勉強に取り組めている子どもはまだまだ少なく、間違った勉強法で取り組んでいる子どもたちがたくさんいる。
その現実に改めて気づかされたのです。

この章では、当塾での指導と同じく、〝結果の出る勉強のやり方〟の「基本」を大きく7つにまとめてご紹介していきます。

これら7つは、どれもシンプルな内容です。

ただ、このシンプルな7つのルールに基づいて勉強をやったか、そうでないかで、結果に大きく差が出ます。

勉強の基本である「7つのルール」を、しっかり身につけていきましょう。

【基本ルール①】

学校の授業をしっかり聞く

最初から、あたりまえすぎて拍子抜けなさっているでしょうか？

しかし、このルールは**あえて書く必要があるぐらい、とてもとても大切**なのです。

☑勉強ができるようになるための「大前提」

中学生になると、学校の授業を聞かない子が増えます。思春期に突入すると、その人数はさらに増えていきます。

授業中に席の近い子とおしゃべりをしたり、ボーッと他の事を考えたり、ノートに落書きをしてみたり、居眠りをしてしまったり……。

「真面目に授業を聞かないのがカッコいい」と、大いなる勘違いをする子までいます。「がんばっているのはカッコ悪い」「勉強してないのに点数がいい、と驚かれたい」という子もいます。

こんな状況でテストの点数が取れると思いますか？

取れたら逆におかしいですよね？

「勉強している素振りを見せないのに成績がいい子」は、まず授業を集中してしっかり聞いています。

さらに、自宅など他の子からは見えていないところで、正しい勉強法で圧倒的な努力をしています。

これから、**この本で説明していくすべてのことは、「学校の授業をしっかり聞くこと」を大前提にしています。**

つまり、授業を聞かなくては、話がはじまらないのです。

まずは、学校の授業をしっかり聞くように、小学生のうちから、口を酸っぱくしていい聞かせましょう。

☑面談の際に先生に〝必ず聞くべきこと〟とは

学校の授業をしっかり聞くために、親がすべきことが2つあります。

1つ目は、学校の面談などでは、毎回決まり文句のように次のことを先生に聞いてください。

「うちの子はちゃんと、集中して授業を聞いていますでしょうか？　おしゃべりや他の事などしていませんでしょうか？」

学校の先生が本当のことをおっしゃるのを遠慮してしまわぬよう、「もしも、授業に集中できていないことがあれば、お手数をおかけしますが、いつでも教えてくださると助かります」と、丁重にお願いしておくのもいいですね。

2つ目は、**通知表を見るときは、各教科の一番下の評価欄をチェック**してください。この評価欄は、意欲・関心・態度を表しています（※令和2年度から、評価の仕方が変更になりました）。

全教科見渡して、この欄の評価が他の欄に比べて悪くないかどうか、学年が上がるに連れて悪くなっていないかどうか、確認してください。不安な評価であれば、先ほどと同じように、面談の際に授業での様子を先生に聞くといいでしょう。

また、面談などで先生に聞いた内容は、お子さんにも伝えてあげてください。お子さんが、「お父さん、お母さんは、授業の様子も気にしてるんだなぁ」という意識を持つことができたらしめたものです。

一方で、絶対に避けてほしいこともあります。まれなケースかもしれませんが、面談やお子さんの話を通じて、先生の教え方などに不安を覚えたり、ご自身の意に沿わなかったりした場合でも、安易にお子さんの話に同調したり、ましてや一緒になって先生を悪くいったりしないでください。

お子さんの話を受け止めるのは、もちろん大事なことです。しかし、親子ともども先生をバカにするような態度を取るご家庭のお子さんは、成績が伸びません。

令和○年度　１学期

教科の学習の記録			
教科	各教科の学習のおもな観点	Ⅰ	
		状況	判定
国語	生活に必要な国語の知識や技能を身に付け、我が国の言語文化に親しんだり理解したりしている		
	筋道立てて考える力や豊かに感じたり想像したりする力を養い、自分の思いや考えを広げている		
	言葉がもつよさを認識しようとしたり、進んで読書をしたりして、言葉をよりよく使おうとしている	○	
社会	政治の考え方と仕組みや働き、先人の業績や文化遺産、国際社会における我が国の役割を理解するとともに、情報を適切に調べまとめている		
	我が国の政治と歴史、国際社会の社会的事象の特色や相互の関連、意味を多角的に考えたり、考えたことや選択・判断したことを説明したり、議論したりしている		
	我が国の政治と歴史及び国際社会に関する社会的事象を主体的に問題解決しようとしたり、学習したことを社会生活に生かそうとしたりしている	○	
算数	数量の計算や図形などの意味を理解し、数理的に処理している		
	数量の表現や図形の性質などについて、多様な表現方法を用いて発展的・批判的に考察している		
	数学的な表現・処理を通し、多面的に捉え検討してよりよいものを求め粘り強く考えようとしている	○	
理科	生物の体と環境、土地のつくり、月と太陽との位置関係などを理解しているとともに、観察、実験などの目的に応じて器具や機器を選択して正しく扱いながら調べ、過程や結果を適正に記録している		
	自然の事物・現象の観察や実験などを行い、主にそれらの働きや関わり、変化及び関係について、より妥当な考えをつくりだし、表現するなどして問題解決している		
	自然の事物・現象に進んで関わり、粘り強く、他者と関わりながら問題解決しようとしているとともに、学んだことを学習や生活に生かそうとしている	○	

勉強法以前の問題です。

子どもに「先生（大人）のいうことは信用できない」と教えているようなもので、先生はもちろん親のいうことも聞かなくなります。

そもそもそういう態度では、先生のほうも「教えたい」とは思ってくださらないでしょう。

多少不安になることがあっても、お子さんには「先生（大人）に対する礼儀」をしっかりわきまえるように厳しくいい聞かせ、親御さんがそのお手本を見せてあげてください。

学校の授業は、親が力を貸すことができない、子どもだけががんばる聖域です。

この聖域に対して、小学校のうちに外から働きかけて、何とか授業をしっかり聞けるようにしていきたいですね。

【基本ルール②】

ノートを整える

中学生になってから当塾に入塾した成績が芳しくない子には、問題を解く際、つまり問題演習の際に〝ノートをギュウギュウに詰めて書いている〟という共通点があります。

誰かが「ノートがもったいない」と、執拗に夢枕にまで立って吹き込んでいるのかと、勘繰りたくなるほどです。

そして、この〝ギュウギュウに詰まったノート〟の習慣をなくし、「整ったノート」を書く方法を知るだけで、みるみる成績が上がった子の多いこと、多いこと。

ノートの書き方は、それほど重要なのです。

☑ノートをケチると成績が下がる

では、なぜ、ノートをギュウギュウに詰めて書いている子の成績は、芳しくないのでしょうか。

・ノートに何が書いてあるか、後から確認できなくなる
・見にくいためケアレスミスなどを起こしやすい
・問題を間違えたときに、解き直しを書き込めるスペースがない

理由としては、大きくこの3つが挙げられます。

最初は「たかがノートぐらいで」と思っている生徒も少なからずいるのですが、この理由を聞くと、思い当たるフシがあるのか、素直にいうことを聞いてくれます。

また、小学生の場合、方眼ノートを使うことが多いのですが、中学生になると大学ノートを使うことになります。

大学ノートに慣れ、しっかりノートを書けるようにするためにも、小学校6年生ぐらいからは、大学ノートを使ってみるのがオススメです。

最初は行数が少なく、文字を大きく書けるA罫を用意してください。

それでは、「整ったノート」の書き方を、具体的に解説していきます。

☑この〝たった2つのルール〟を守ればいい

問題演習時のノートの書き方に関して、当塾が子どもたちに伝えるのは、

①問題と問題の間は1行空ける
②日付と問題情報を書く

という、たった2つのコツのみです。

なぜなら、多くのコツがあっても、大人でもまず覚えられませんし、ましてや小中学生ぐらいだと、〝ルールにのっとったきれいなノートを作る〟ことが目的になり、

本末転倒の結果になりかねないからです。

勘違いしてしまう子が多いのですが、**「整ったノートを書く」のと「きれいなノートを作る」のはまったくの別物**です。

せっせときれいなノートを作っている子に、勉強が得意な子はいません（これについてはのちほど詳細を書きます）。

ですから、ノートのルールは、この2つで十分だと考えています。

それでは、2つのルールの詳細を説明していきましょう。

①問題と問題の間は1行空ける

問題と問題の間を1行空けるだけで、見違えるように見やすくなります。

マル付けをした後に解き直しなどができるように、余白部分は多めに取っておきましょう。

地味なことですが、効果は絶大です。

②日付と問題情報を書く

後からノートを見たときに、ストレスなく取り組んだ内容を見ることができるよう、日付と解いた問題の情報を書いておきましょう。

「どの問題集」「何ページ」「何番の問題」を解いたのか、一目でわかるようにします。

この2つのルールは、5教科すべてに共通です。

小学生のうちは、まず国語（縦書き）と算数（横書き）で慣れていくのがいいと思います。p38以降の例も参考にしてみてください。

☑授業のノートの書き方も基本は同じ

さて、お伝えしてきた「整ったノートの書き方」は、問題演習時についてでしたが、授業内容のノートの書き方も基本は同じです。

Date 11.23

(3) 入った…○　入らなかった…×

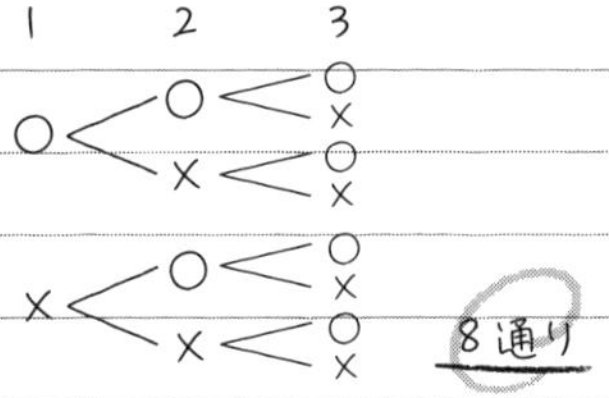

12-2 トライ

フォレスト P.105

1 (1) ①B, C, D, E ②AチームとCチーム

③イ　④10通り

(2)　5通り

赤	黄	緑	青	白
×				
	×			
		×		
			×	
				×

(3)　5通り

あめ	クッキー	キャラメル	チョコレート	だんご
×				
	×			
		×		
			×	
				×

丸にして考える

(2) 解き直し

赤	黄	緑	青	白
○		○		
○	○			
○			○	
○				○
	○	○		
	○		○	
	○			○
		○	○	
		○		○
			○	○

10通り

このように解き直しできるスペースをとる

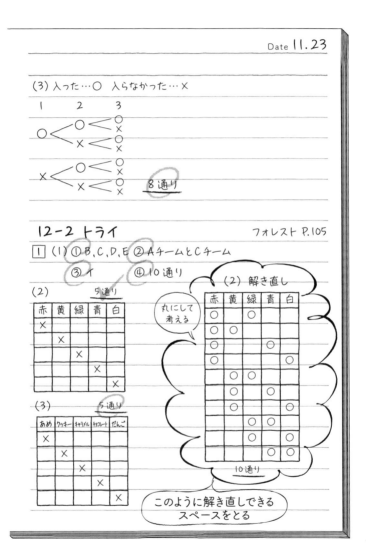

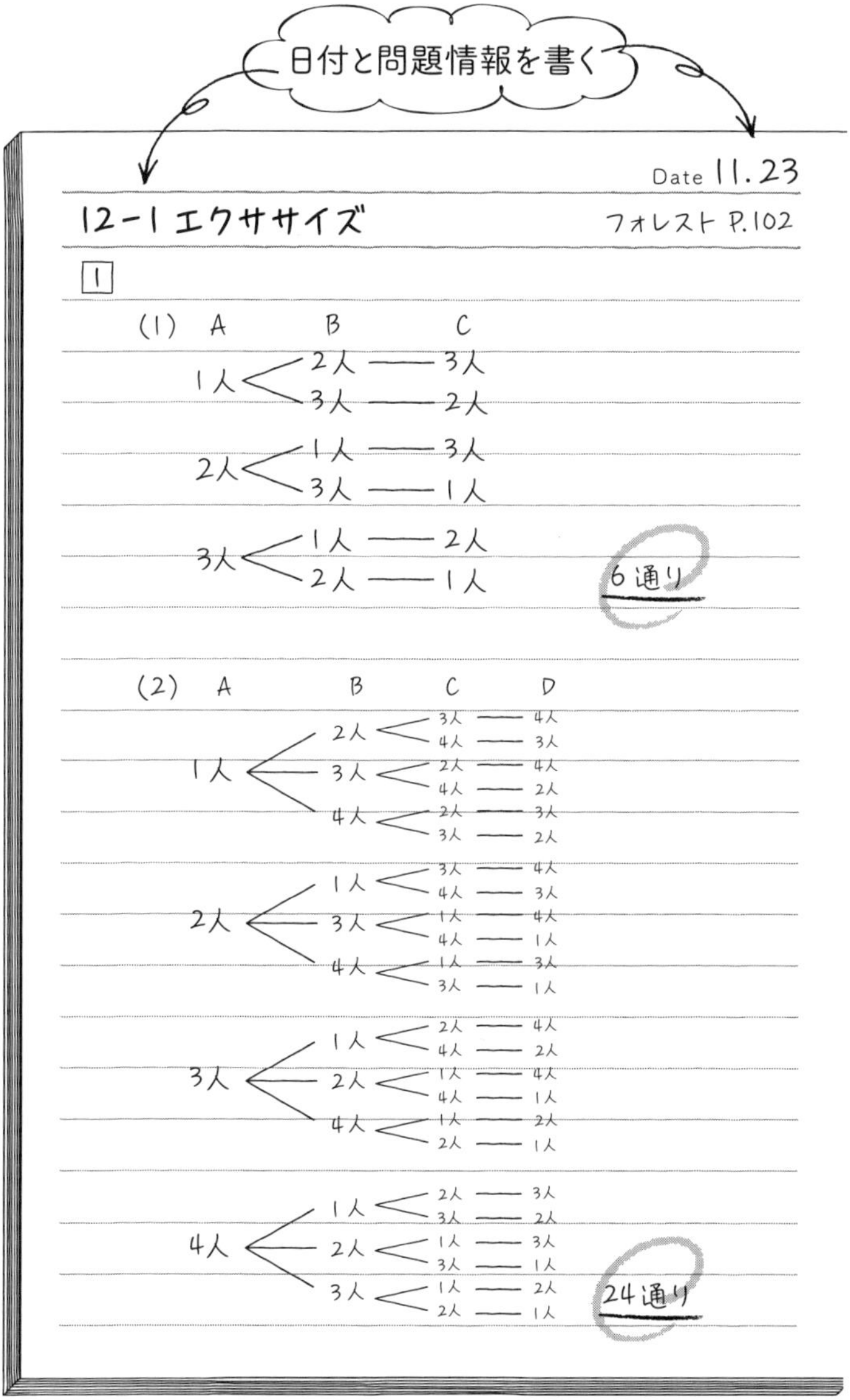
日付と問題情報を書く
Date 11.23
12-1 エクササイズ
フォレスト P.102
1
(1) A B C
6通り
(2) A B C D
24通り

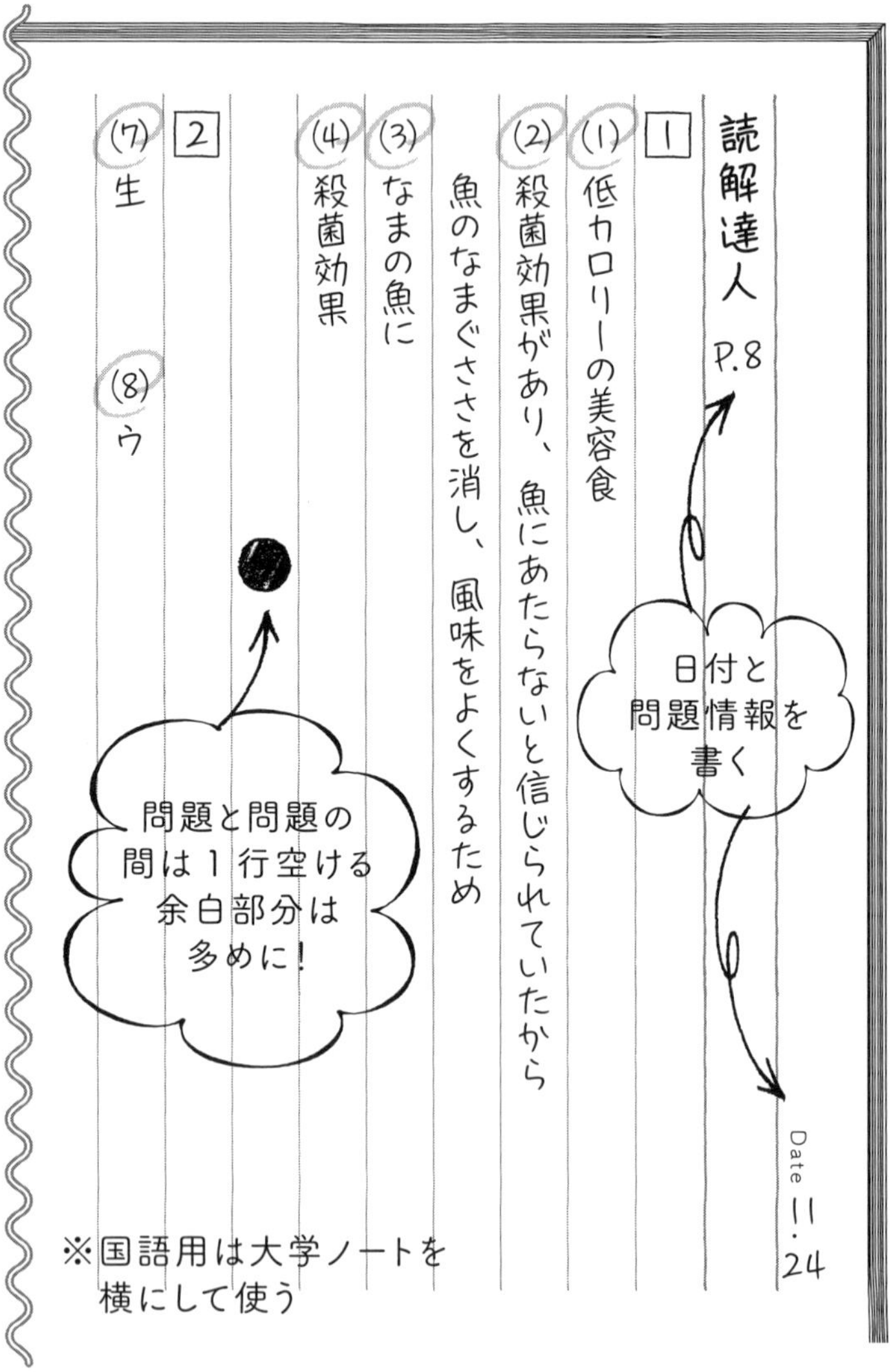

読解達人　P.8
Date 11.24
日付と問題情報を書く
1
(1) 低カロリーの美容食
(2) 殺菌効果があり、魚にあたらないと信じられていたから
魚のなまぐささを消し、風味をよくするため
(3) なまの魚に
(4) 殺菌効果
問題と問題の間は1行空ける
余白部分は多めに!
2
(7) 生
(8) ウ
※国語用は大学ノートを横にして使う

詰めずに1行空けてノートを取り、先生が授業中に話してくれた内容の中で大切に思ったことや、授業を聞いてよくわからなかったところを、復習の際に後から書き込めるぐらいの余白を作ると、ノートはグッと見やすく、復習しやすくなります。

【基本ルール③】

正しく「覚える」

中学生からの勉強法で、大切なことは何だと思いますか？

実は**「覚える」と「解く」の2つだけ**です。

こういうと、シンプル過ぎるのか、「授業をしっかり聞く」のと同様に、親御さんにかなり驚かれたりしますが、勉強ができる子は間違いなくここを完璧にやっています。

この項目では、勉強の基本のき「覚える」をマスターしましょう。

☑コツは〝短く〟〝早く〟

成績が芳しくない子ほど「覚える」ための勉強時間が長くなります。

その理由をひと言でいうと、覚える勉強は楽——つまり、〝勉強している風〟を装えるからです。

もちろん、「覚える」のは必要かつ大事なことです。

ただ、そうであるがゆえに〝いろいろな意味で〟逃げ道になりやすいのです。

「覚える」勉強だけしていれば、自分のできなさ具合を見なくてもすみますし、問題が解けないストレスも感じません。

そして、ただじっと長い間、教科書を眺めていたり、書き写したりしているだけで、「勉強している（風）」という大義名分が作れます。

確かに楽ですが、これではほとんど実力はつきません。

一方、勉強が得意な子になると、「解く」勉強時間が圧倒的に長く、逆に「覚える」勉強時間は圧倒的に短くなります。

問題を解きながら、「足りないところを覚えていく方が早い」ことを知っているからです。

アメリカ・パデュー大学のカーピック博士らによる研究で「脳はインプットよりアウトプットを重視する」ことが、広く知られています。

やはりインプット、つまり**「覚える」は、必要最小限**にしなくてはいけません。

☑効率のいい覚え方とは？

ではここで、具体的な「覚え方」をお伝えしていきます。

①まずは読んで（見て）覚える

子どもに「覚えてみよう」というと、かなりの確率でノートにその語句を書きはじめてしまいます。

しかも、〝覚えていようが、覚えていまいが〟すべての語句を一定数繰り返し書いてしまうのです。

確かに、この方法が有効な場合もあります。ただ、ほとんどの場合は時間ばかりが過ぎ効率が悪すぎます。

基本的に、**「読んで（見て）覚えたほうが断然早く効率がいい」**のです。

漢字であっても、口でいえる、つまり読めるようになってから、書けるようにするほうが、これまた〝断然早く効率がいい〟のです。

中学生からは「読んで覚える」が基本。小学校6年生のうちに、慣れておきましょう。

②制限時間を作って覚える

覚えるときは、5分または10分の制限時間を作ります。

覚える分量によって、時間を調整してみてください。

実際にやってみよう！

ここでの実践は、「都道府県名と位置を覚える」。

小学校6年生向けの内容ですが、あなどるなかれ。都道府県名と位置は、中学生になってからはもちろんのこと、一生役立つ知識です。

お父さん、お母さんもお子さんと一緒に取り組んでみてください。

〈用意するもの〉

・日本地図（各都道府県に都道府県名が記入してあるものと、番号のみふってあるもの）

・ストップウォッチ（時間が計ればOK、スマホを使ってもOK）

日本地図は「ちびむすドリル」という、無料の学習プリント配付サイトにも掲載されています。ここからダウンロードしてもいいと思います。

準備が整ったら、都道府県名と位置を覚えていきましょう。

まずは都道府県名の書かれた日本地図を見て、北海道から関東甲信越地方まで、北から順に覚えていきます。

3分たったら、番号のみ書かれている日本地図で、どれだけ覚えているか口頭テストします。

地図番号順に指さして答えてもらいましょう。間違えた都道府県にはチェックを入れておきます。1回目の口頭テストが終わったら、まだ覚えていない残りの都道府県についても3分設定して覚えていきましょう。

時間を制限することで、ゲーム感覚で覚え方の基本を理解し、「書いて覚えるよりハヤッ！」「覚えられなかったところを、覚え直すほうがハヤッ！」なんて、お子さんに感じてもらえたら狙い通りです。

同時に、「練習時はガンガン間違えていい」「最終的にできればいい」という感覚も身につけてほしいですね。

一通り口頭でいえるようになったなら、最後に漢字で書けるかを確認します。

もし、都道府県をすでに覚えてしまっている場合は「世界の国名と位置を覚える」でチャレンジしてみましょう。

世界地図も「ちびむすドリル」でダウンロードできます。

☑例外は〝漢字や語句〟〝英単語〟の覚え方

さて、基本的には「読んで（見て）覚えたほうが断然早い」と前述しましたが、例外もあります。

それが漢字や語句・英単語です。

漢字学習については、小学生でも漢字ドリルで慣れていると思います。

ただ、書いて覚える勉強は気を抜くと「覚える気ゼロの丸写しマシーン」を誕生させます。勉強に疲れてきた生徒が、マシン化することも多いのです。

こうなって時間をムダにすることがないように、「語句ごとに覚えたか確認する」ことを確実にやってください。

たとえば「新潟」という漢字を覚えたいとき。

「にいがた、にいがた」と、つぶやきながら、まずは4回書きます。そして、5回目を書くときに、手で今まで書いた4回分の漢字を隠します。

ラスト1回を「ミニテスト」として、何も見ずに書いてみるのです。

こうすることで、語句ごとに集中して取り組んでもらいやすくなります。

漢字や語句、英単語を覚えるときは、このミニテストの実践を、激しくオススメします。

また、でき具合が確認できるよう、チラシの裏などの雑紙ではなく勉強用のノートで実施しましょう。

また、間違っても「すでに書けるもの」を、何度も書かないように。

できるものを書いても、時間のムダにしかならないからです。

【基本ルール④】

正しく「解く」

ここからは、いよいよ「解く」の説明に入っていきます。

勉強が得意な生徒は、この「解く」という作業に、一番長い時間を割いていると、先ほども書きました。

成果が出る「解き方」をマスターしていきましょう。

☑成果が出る解き方とは？

成果が出る解き方を身につけるためには、実際に教材を使います。

私がオススメする教材は、教科書準拠で4教科に対応している通年市販教材の1つ

『教科書ぴったりテスト』（新興出版社）です（似たような問題集があるため注意してください）。

このシリーズは、教科書を販売している出版社ごとに問題集が作られており、解答解説がとても詳しいのです。さらに、覚えるページと演習のページがリズムよく分かれていて、本書の内容を実践するのに最適です。

まずは、実践しやすい暗記系の科目「社会」を、これから説明するやり方で解いていき、解き方に慣れたら他の教科を追加していくといいでしょう。

では、具体的な解き方の解説です。

①教科書や参考書を見ずに解く

もう何度も「何をあたりまえのことを……」と思われたかもしれませんが、問題を解くなら何も見ずにやりましょう。

②マル付けは1ページずつ

マル付けは、必ず1ページずつこまめに行ってください。

当塾に通う子（中学生）に、「マル付けは1ページずつ」というときに、同時に私はいつもこの質問を投げかけます。

「なぜかわかる？」

どうして、マル付けは1ページずつしたほうがいいのでしょうか？

・数ページまとめてマル付けをすると、最初のほうの問題など、どうやって解いたか忘れてしまう
・間違えた問題がいくつもあると、解き直そうと思えなくなり、ただのマル付けマシーンになってしまう
・こまめに「わかったところ」「わからなかったところ」が明解になり、「わからないまま問題を解き続ける」のを避けられる

こんな話を生徒にすると、「なるほどね～」とその場では大いに納得します。

しかし、これがなかなか定着しないのです。

1ページずつのマル付けは、絶対に身につけなくてはいけない勉強のコツです。

小学生のうちは、まずは親御さんが1ページずつマル付けをしてあげることで、お手本を見せてください。

早いうちから1ページずつのマル付けの習慣が定着すれば、中学生になって1人で勉強するようになっても、その習慣を続けられるはずです。

③間違えた問題にチェックをつける

間違えた問題があったら、問題集の該当する設問に必ずチェックをつけましょう。「どの問題を間違えてしまったのか」を示す情報は、勉強を進めるうえでとても重要だからです。

なぜなら、この情報を元に、できなかった問題を解き直して理解していくからです。

問題集に直接書き込んで、問題を解いている場合は見ればわかりますが、ノートに問題を解いている場合は、チェックをつけないとわからなくなってしまいます。

具体的には、問題集の問題番号の横にチェックマーク「✓」をつけます。

1回目の間違いには赤ペンで、2回目以降は青ペンでチェックします。

④半分解けなければ覚え直し！

さて、問題集に取り組んでみて、どれくらいの問題が解けたでしょうか。

もし、半分も解けていない場合は、すぐにその単元に戻って覚え直しましょう。6割解けていれば、間違えたところだけを直したほうが早いですが、半分も解けていない状況ならば、基本的なところが理解できていないということです。

覚え直し作業をし、再度できなかった問題集のページにアタックしてください。

【基本ルール⑤】

正しく「解き直す」

最も大切な「覚える」と「解く」の具体的な方法をお伝えし終わったところで、次の段階である「正しく解き直す」について説明していきます。

「できないことをできるようにする作業が勉強」です。

覚えたつもり、解けたつもりになっても、時間が経てば忘れてしまうのが人間です。また、本当に「覚えたか」「解けたか」がわからなければ、せっかく費やした時間がムダになりかねません。

そういったことにならないためにも、「正しく解き直す」という作業が非常に重要になります。

☑「一度解いただけ」ではダメ

問題集というのは、2回目に取り組むことで、ようやくその問題集を解く意味が出てきます。

「できないことをできるようにする作業が勉強」だからです。**できないものに再度取り組まなくては勉強ではありません。**

繰り返し取り組むことを考えたうえで、1回目の演習に取り組む必要があるわけです。

そこで、繰り返し解くための作戦を3パターンお伝えします。

『作戦①』問題をノートに解く

一番簡単なのは「問題をノートに解く」という作戦です。

必要なものはノートだけですからね。

これで何度でも演習できます。

弱点は、直接問題集に解答を書いていないので、ミスした問題の傾向などを、俯瞰して見ることができない点ぐらいでしょうか。

昔から取り入れられてきた優れた作戦ですね。

『作戦②』オレンジとピンクのボールペンを使う

オレンジのボールペンで問題集に直に書き込んで、演習するという作戦です。

その際、マル付けをピンクのボールペンですれば、赤シートを被せることで、書いた文字はすべて消えます。

赤シートを利用することで、何度でも演習できるわけです。

書くときにこすると消える「フリクション」シリーズのボールペンを使えば、書き間違いも気になりません。

こちらの作戦の弱点は、意志の弱い子や完璧主義の子が、2度目の演習のときに赤シートをずらして答えをチラ見してしまうことでしょうか。

『作戦③』同じ教材を複数冊購入する、コピーする

最後に、お金に物をいわせる（⁉）作戦をお伝えします。

「同じ教材を複数冊購入する」「教材をコピーする」という方法です。

2回目の演習を「2冊目の教材」「教材のコピー」で取り組むことで、まず1回目に書き込まれた答えが邪魔になりません。

そして、マル付けを終えた後に、パッと見で間違えた問題の傾向などを確かめられます。

また、子どもたちは2回目の演習で、どれだけ正答が増え、できるようになったかを、これまたパッと見でしっかり実感できます。

後は単純に、問題の横に解答が書き込めるという状況があるだけで、演習するのは楽になります。

利点の多い作戦ですが、弱点もやはりあります。

まず、複数冊購入作戦は、市販教材にしか使えません。また、教材のコピー作戦は手間暇がかかります。

そして、どちらもお金がかかります。

お伝えした3つの作戦、一長一短ありますが、1つ目の「ノートに解く」という作戦が総合的に見て、一番オススメでしょうか。

状況や好み、もしくは教科ごとに、これら3つの演習方法を使い分けてみるのも手です。

☑仕上がるまで1冊をやり込む

今、破竹の勢いで全国に教室を増やしている、「武田塾」という大学受験予備校があります。

「授業をせず自学自習で進める」という指導で有名なのですが、もう1つ指導方針を表すキャッチフレーズがあります。それは、「1冊を完璧に」というものです。

取り組んでいる教材1冊が仕上がるまでは、次の教材に取り組まないという、シンプルながら王道の方針を掲げているのです。

「仕上がるまで1冊をやり込む」というやり方は、中学生の勉強にもしっかりと当てはまります。

勉強が苦手な子ほど、他の問題集に浮気をしたがります。

「私の成績を爆上げしてくれる、魔法のような教材があるに違いない」と夢見がちなわけです。

そんなこと、あるわけがありません。

1冊目ができていないのに、2冊目に入ったところで同じ結果が待つだけです。

小学生のうちから、「仕上がるまで1冊をやり込む」やり方を体に叩き込みましょう。

小学生のうちは、先述した『教科書ぴったりテスト』を、やり込むための教材として引き続きオススメしておきます。

中学生になったら、学校から配付される各教科の教材を、完璧にすることを目指しましょう。

【基本ルール⑥】

わからなければ調べる

覚えて解いて、解き直すところまで勉強が進んできました。

次に、「解き直す」勉強の一部である「調べる」について、説明していきたいと思います。

☑自分で「調べられる」ようにする

今まで、お子さんが「わからない」とSOSを出してきたとき、どのように対応されていたでしょうか。

小学生のうちは質問も簡単ですし、お子さんが親御さんを頼ってくれれば、

「しょうがないねぇ」

なんていいながら、手とり足とり教えていたかもしれません。

しかし、お子さんの学年が上がるにつれて、学習内容もまた難しくなっていき、親御さんが即答できる問題は減っていきます。

いつか、答えられなくなる日がやってきます。

餌を与えられて育った猛獣は、自然に放たれると餓死します。獲物の捕り方を知らないからです。

例は過激ですが、同じことがお子さんにも起こりうるのです。

その日を迎える前に、わからない問題があってもお子さんが自分で調べられるように、準備していきましょう。

調べ方3つのコツ

まずは教科書で調べるのが基本ですが、それで解決できない場合はインターネットで検索します。

インターネットの普及で、私たち塾講師は、生徒からの質問の答えを保留にすることが激減しました。

今まで、即答できない問題は、保留にして調べたり、他の先生に聞いたりして後日対応していたのですが、ネットからその問題の答えを拾ってくることが可能になったのです。

世の中の人が悩む問題は、だいたい全国——場合によっては全世界共通です。たいがいの問題の答えはネットに掲載されていて、検索で解決できるのです。

インターネットで調べるコツをつかめば、子どもたちも多くの問題を自分で調べられるようになります。

同時に、ネットには勉強を妨げる誘惑もありますが、その対策については後述します。

調べるコツは次の3つです。

『調べるコツ①』アンド検索

これは検索の基本です。調べたい事柄に関するワードをいくつか選び、語句と語句の間にスペースを入れながら、検索窓に入力します。

たとえば、中学生向けの英語のワークのオススメを探すならば、「中学生　英語参考書　オススメ」といった感じです。

これで検索をかければ、この4語を含むページを探し出してくれます。

『調べるコツ②』「とは検索」

「易者」という語句を調べたければ、「易者とは」と入力します。

調べたい語句に「とは」をくっつけることで、語句の説明が書かれたページが検索できます。

『調べるコツ③』問題文検索

「え、これどうやって解くの？」というような、ちょっとクセのある数学や理科の問題に対しては、日本全国で多くの人が同じリアクションをしています。

よって、問題文の冒頭を少し入力して、そのまま検索します。

すると、その問題の解法が書かれたページが見つかることがあります。

お子さんが小6になったら、

「ねぇねぇ、この問題わかんない！　教えてよ！」

といったSOSへの第一声は、

「まずは自分で、教科書とネットで調べて、それでもわからなかったら、一緒に考えてあげるから」

にしましょう。

【基本ルール⑦】

調べてもわからなければ質問する

覚えて、解いて、解き直して、調べて。

ここまでお伝えしてきた勉強法は、最初は親御さんと一緒に、そして慣れさえすればすべて1人で完結できるものでした。

しかし、次にお伝えする「質問する」という基本ルールは、1人で完結できないこともあり、お子さんによっては習得するのにかなり苦戦します。

ただ、勉強に限らず、1人でやれることには限界があります。

うまく周りの人の力を借りて、その限界を超えていけるようになると、ぐんぐん成果が出せるようになります。

まずは、親御さんが力添えすることで、質問できる子に育てていきましょう。

☑第一声は「まずは自分で調べてみて」

前の項目で同じことを書きました。

お子さんが質問してきたときの第一声は、

「まずは自分で、教科書とネットで調べて、それでもわからなかったら一緒に考えてあげるから」

もしも、その問題に解説があれば、

「解説を読んだ？　読んでもわからなかったら、解説のどこがわからないか教えて。一緒に考えよう」

と伝えましょう。


自ら調べて理解することに比べて、人に教えてもらうのは圧倒的に楽です。

しかし、これも前項で書いたように、安易に人に頼ると自分のためになりませんし、身につきません。

それに、無条件でいつもお子さんの力になってくれるのは、親御さんだけでしょう。

いざというとき周りの人に力になってもらえるよう、質問する前に、最低限のことは自分自身でやっておく習慣を、身につけておきたいものですね。

☑「質問をするあなたはグレイトだよ」

「わからない問題を人に質問する」という行為は、大人が思っている以上に、子どもにとって敷居が高いものです。

私自身、子どもの頃、「この質問をして、〝こんな問題もわからないのか〟と思われたらどうしよう」なんて思った覚えがあります。

また、「わかると思ってすごいスピードで説明してくれているけど、途中からわかんないや」なんてことも。

説明を遮るのもはばかられ、「一生懸命説明してくれている先生の期待に応えなきゃ」と、わかるふりをしていました。

比較的社交的であった私ですら、そう思っていたのです。

繊細な子たちは、もっと前の段階にいるでしょう。

「〝こんな問題もわからないの？〟と思われるの嫌だから、質問したいけどできない」、さらには、「嫌な思いをしてまで、勉強ができるようになりたいとは思わない」なんて恐ろしいことすら、考えているかもしれません。

こうならぬように、**「質問してわかるっていいな」「自分で調べてもどうしてもわからない場合は、どんどん人に聞いてみたいな」という心持ちを、お子さんに持ってもらえるように**、親御さんにご協力いただきたいのです。

具体的には、お子さんが質問したら、まずそのこと自体をほめてください。

「がんばってるね」と、質問する行為が素晴らしいことであると感じられるよう、前向きな声かけをしてあげてほしいのです。

「質問いいね！」「質問スゴ！」なんて、もっと砕けた表現でもかまいません。

「質問をするあなたはグレイトだよ」と、無条件に賞賛してあげてほしいのです。

そして、質問内容に対しても、「いい質問だね」「おもしろい質問だね」と、たとえそれが、つたない質問であったとしても、まずはほめてあげてください。1つ質問することで、「質問という行為」と「質問内容」について、2度もほめられる経験が家庭で繰り返されれば、「質問するっていいな」という心持ちもできるでしょう。

慣れてきたら、調べ方もわかって、つたない質問も減ってくるはずです。逆に、あまりに安易に質問する傾向が続くようならば、それは指摘して、まずは自分で精いっぱい調べてから質問するように伝えればいいと思います。

＊　＊　＊

大学時代、英会話の講義を担当していたアメリカ人の先生は、授業中によく英語でクイズを出しました。この先生が答えを間違った学生に伝えるセリフは、いつも一緒でした。

「Good answer! But, no.（いい答えです。しかし違います）」

なぜか今もこのフレーズを覚えています。

どんな答えであっても、まずは答えてくれたことに対して敬意を払い、「いい答えです」といってくれる、何ともアメリカ人らしい受け答えです。

前向きな声かけもあって、その授業のクイズは、学生たちからドンドン答えが発表されていたように思います。

このアメリカ人の先生のように、質問してきたお子さんに前向きな言葉のシャワーをかけ続けることで、お子さんの質問に対する前向きな気持ちを育てていきたいものですね。

質問する前の最低限の礼儀と、質問に対する心持ちの大切さをお伝えしました。

この2つが身についたならば、学校の先生に力になってもらうことも、難しくないでしょう。

教えることが仕事の先生が、学びたい生徒をかわいいと思わないわけがありませんから。

【基本ルール④】

正しく「解く」

⊳教科書や参考書を見ずに解く

⊳マル付けは1ページずつ

⊳間違えた問題にチェックをつける

⊳半分解けなければ覚え直す

オススメ教材

『教科書ぴったりテスト』(新興出版社)

【基本ルール⑤】

正しく「解き直す」

⊳仕上がるまで1冊をやり込む

【基本ルール⑥】

わからなければ調べる

⊳まずは自分で調べる

⊳(教科書⇒インターネット)で調べる習慣をつける

【基本ルール⑦】

調べてもわからなければ質問する

⊳第一声は「まずは自分で調べてみて」

⊳質問したこと自体をほめる

勉強のやり方
7つの基本ルール

【基本ルール①】

学校の授業をしっかり聞く

- ⊳学校の面談で確認
- ⊳通知表は各教科の一番上の評価欄をチェック

【基本ルール②】

ノートを整える

- ⊳問題と問題の間は1行空ける
- ⊳日付と問題情報を書く

【基本ルール③】

正しく「覚える」

- ⊳「短く」「早く」が基本
- ⊳まずは読んで（見て）覚える
- ⊳5分～10分の制限時間を作る
- ⊳漢字や語句・英単語は「ミニテスト」を実施する

2章

中学生になるまでに身につけたい勉強のやり方（応用編）

2章を読む前に
――より範囲の広いテストも「やり方」がわかれば怖くない

1章では勉強のやり方の基本について、「7つの基本ルール」としてお伝えしました。

2章では「応用編」として、範囲の広いテスト（つまりは、中学校での定期テスト）勉強を想定した勉強法について、「3つの応用ルール」をお伝えしていきます。

まだ小学生のうちは、範囲の広いテストを受けることは、そうないと思います。

そのため、この章の記述は、お子さんに年長のごきょうだいでもいない限り、ピンとこないかもしれません。

しかし、中学に入学した途端に必要となってくる内容です。

また、7つの基本ルールがどのように〝応用〟につながっていくのかなど、予習を兼ねてお読みいただければと思います。
また、小学生のうちに、この章の内容を練習する方法も、最後に紹介しています。
そちらもあわせて参考にしていただき、ぜひ実践してみてください。

【応用ルール①】

“完成度”と“スピード”を求めて問題演習を繰り返す

1章で説明した勉強法は、サッカーにたとえるならば、ドリブル・パス・シュートといった基本の技術です。

試合の中では無意識にこれらの技を組み合わせ、より速くより正確に、点を取ることが求められます。

勉強も、問題をより速くより正確に、迷いなく解けるようになってはじめて、高得点を目指せるようになるのです。

「7つの基本ルール」が身についたら、次は**「より速く、より正確に、迷いなく解く」**ことを目指していきましょう。

☑問題集は2回目からが勝負！

基本のルール⑤で、「仕上がるまで1冊をやり込む」と説明しました。

ここでは応用編として、〝やり込み方〟をさらに細かく説明していきます。

①まずは、とにかく問題集の1回目の演習を終える

問題集を1回解くというのは、できる問題とできない問題を分けただけで、勉強のスタートラインに立ったに過ぎません。

確実に自分の力にするためには、間違いを解き直し、調べ、質問して、できない問題を徹底的につぶすことが大事です。

②2回目はすべて解き直す

2回目は、もう一度すべてを解き直してください。

1回目に解けた問題も、まだ定着したとはいいがたいからです。

「**いつでも正確に、できる限り速く、迷いなく」解ける**ことを目指して、2回目の演習に突入しましょう。

きちんと解けたかはもちろんのこと、迷いなく正解にたどり着けるかを確認するように心掛けてください。

③3回目以降はミスした問題のみ

さあ、2回目も終わりました。おかしな取り組み方をしていなければ、ミスの数は減っているはずです。

3回目は、1回目の演習でミスしてチェックした問題と、2回目の演習でミスしてチェックした問題に取り組みましょう。

時間が許す限り、この作業を繰り返し、ミスを限りなくつぶしていきます。

つまり、3回目の演習以降も時間が許す限り、1回目以降でミスした問題をすべて解き直していきます。

演習終了のタイミングは、ミスがすべてなくなったとき。

もしくは、次に説明する〝目指すレベル〟まで、正答率が達したときです。

☑レベルに合わせて「問題を選ぶ」

p59で「仕上がるまで1冊をやり込む」と書きましたが、中学生においては「問題集を全問解けるようにする」という意味ではありません。

私のいう「仕上がる」とは、その子のレベルにあった正答率が出せるまで、という意味です。その子のレベルによっては、すべて解ける必要はありません。

理由はただ1つ。

その子の実情に合っていない高すぎる目標は、やる気をいちじるしく削ぐからです。

高すぎる目標への取り組みは、失敗体験ばかりを増やしていくことになり、勉強へのやる気を目減りさせてしまいます。

中学1年生の最初の定期テストで、80点以上を取れているならば、問題集を全問解けるように取り組んでください。

しかし、定期テストで50点取れるかどうかという場合は、全問解くことを目指す勉強はよくありません。

その子にあった正答率を目標として、取り組みましょう。

ここのさじ加減が難しいのですが、目安は「定期テストで取りたい点数に、20を足した数字のパーセントぐらい」です。

たとえば、80点を目指すなら、20を足して100。問題集を100％できるようにする必要があります。

逆をいえば、目標点数に20を足して100にならなければ、今は解けなくていい問題があるということです。

そういう場合は、各単元の後半に掲載されている応用問題は、やらずに飛ばしてかまいません。

50点を目指すなら、20を足して70％の正答率を目指せばいいのです。

難しくて解けない応用問題が全体の30％以内に収まっているなら、そのまま飛ばして先に進むように指示してあげてください。

「本当に全部できなくていいの？」

なんて、お子さんのほうが心配するかもしれませんね。

「大丈夫だよ。もし、この飛ばした問題に挑戦したかったら、まずは今やってる問題を完璧にしよう」

と、伝えてあげればいいのです。

目標とする点数に該当する、すべての問題が迷いなく解けるようになったなら、その問題集は卒業です。

他の問題集に取りかかりましょう。

新たな問題集も、取り組む手順は同じです。

【応用ルール②】

テスト前——「覚える」と「解く」は3対7！

中学の定期テスト2週間前。理想的な勉強法とはどんなものでしょう？　何に時間を割くべきでしょうか？

「覚える勉強」と「解く勉強」に使う時間配分は、3対7が理想です。

「覚えなくていいの？　解いてばっかりだなぁ」なんて、感じるでしょうか？

☑「大会」直前にすべきこととは？

勉強が得意な子は、いつもこれぐらいの時間配分でテスト勉強をしています。

また、サッカーにたとえてみましょう。

普段の練習では、ランニングや筋トレなどの基礎体力を養う練習と、ドリブル・パス・シュートといったパートごとの練習にしっかり取り組んでおいて、大会が近くなったら練習試合を行います。

この練習試合で見つかった課題のあるパートを再度練習し、改めて練習試合を行って、さらにパートごとに調整。こうした流れで、試合前の最終調整をします。

大会が近づいたら、練習試合のような実践的な練習が中心になるはずです。

大会直前に、ひたすら筋トレだけするなんてことはありえませんよね。

テスト前は〝弱点を調整する期間〟

さて、話を戻します。

テスト勉強でもやることは一緒です。

大会というべき、定期テストを目指して仕上げていかなければなりません。

勉強においての練習試合というのは、問題演習にあたります。

テスト前は、問題演習にどんどん取り組んでいく、つまり解くべきです。そして、弱点が見つかれば克服すべく、覚える勉強をして調整をします。

サッカーと同じく、テスト前は問題演習が勉強の中心にならなければなりません。テスト直前に、ひたすら覚える勉強だけするなんてことはありえないのです。

勉強時間の配分の理想は、「覚える」と「解く」が3対7。

覚える勉強は、テスト前までに大半を終えておくのが理想ですね。


テスト直前に、社会の語句や英単語を、ひたすらノートに書くだけのような勉強をする子がいますが、これは明らかに「覚える」勉強でいわば筋トレです。

「テスト前は、筋トレではなく練習試合をしろ！」と当塾の生徒には、口を酸っぱくして伝えています。

普段の勉強においても、お子さんが覚える勉強をしているのか、解く勉強をしているのかを、確認するようにしてください。

さらに、テストが近づいてきたら、「解く勉強」により重点を置いて取り組めるよう、アドバイスしてあげてください。

合言葉は「覚えると解くは3対7！」です。

【応用ルール③】

定期テストのリハーサルをする

さて、ここまで書いてきた内容に気をつけて勉強に取り組んでもらえたら、中学校での定期テストも怖るるに足りません。

しかし、小学校6年生では、受験でもしない限り、範囲の広いテストに対して、長い時間をかけて準備をする機会は、ほとんどありませんよね。

少しでも疑似体験できないものかと考え、定期テストのリハーサルとしてうってつけのものを思いつきました。検定試験です。

英検、数検などさまざまな検定がありますが、私のオススメは「漢検」です。

理由としては、努力が比較的点につながりやすく、成功体験になりやすいからです。

ちなみに、全国統一小学生テストや中学受験向けの模試などもありますが、難易度が高かったり、特殊なテクニックが必要な問題も多々あり、あまりオススメできません。

☑一番の狙いは〝準備〟に慣れること

当塾では実際に、「日本漢字能力検定協会」が発行している漢検の問題集を、小学校6年生に取り組んでもらっています。

漢検のレベルは小5程度の6級。

検定初挑戦に、心理的障壁は低いほうがいいだろうという判断です。

何より一番の狙いは、検定当日までに取り組む準備部分にありますからね。

①まずは解いてみる

まずは覚える時間をゼロにして、ひとまず解いてもらいます。

1学年下で習う漢字なので、これが可能です。

実際、中学の定期テスト前も、学校の授業をしっかりと受けていれば、いきなり演習から勉強をはじめられますよね。

「わからない問題は、飛ばしてOK。後でできるようにするから大丈夫」と伝えることで、〝最初はできなくてあたりまえ、テストのときにできたらいい〟という心持ちを、子どもたちに持ってもらいます。

書けなかった漢字はp48に説明した覚え方で練習し、意味のわからない語句はネットや辞書で調べて確認。

そして、間違えた問題には、チェックをつけるようにいいます。

②再演習

ある程度演習が進んだところで、再演習します。5〜10単元進んだら、戻って再演習してみましょう。

再演習時にわからなかった問題にも再度チェックをつけます。1つの問題にチェックが2つついたら、そこは重点的に覚えます。

③3度目で仕上げる

3度目は、チェックがついた問題だけを最後に演習し、これを仕上げとします。先に書いた問題集のオススメ演習法「2回目はすべて解き直し、3回目はミスした問題のみ」の実践です。

また、問題集には検定の過去問が収録されているので、仕上がり確認のために最後に演習しましょう。

中学生の定期テスト勉強でいうならば、各単元最後のページにある「単元仕上げテスト」のようなものです。

もしも過去問演習で苦手な出題パターンなどがわかったら、それについても復習します。

☑失敗も成功も一緒に振り返る

広いテスト範囲の勉強を計画的に進める経験、演習をしながら仕上げていく経験、同じ問題に繰り返し取り組む経験を、中学前に積めるのはとてもいいことです。

定期テストリハーサルの行い方

① １日数ページずつ演習し、間違えた問題を復習。
間違いにチェックをつける。

⇩

② １回目と同じ要領で２回目の演習。

⇩

③ ３回目は間違えた問題だけ演習。

⇩

④ 過去問があれば、それで実践練習。
苦手なパターンの問題を調べ、復習。

⇩

⑤ 検定受験。

⇩

⑥ 合格しても不合格しても、
結果を見て親子で振り返る。

さらにいえば、うまく計画通りに進めることができなくて、思うように点が取れないといったマイナスの経験も早いうちから積んでおけば、いずれお子さんの力になります。

まだ小学生の時期ならば、失敗も成功も親御さんと一緒に振り返って、次につなげることができるでしょうから。

ぜひ定期テストリハーサルとして、検定受験に挑戦してみてください。

勉強のやり方
3つの応用ルール

【応用ルール①】

〝完成度〟と〝スピード〟を求めて問題演習を繰り返す

- より速く、より正確に、迷いなく解けるようにする
- 1回目と2回目はすべて解く
  3回目以降は間違えたところのみ
- 目標とする点数から算出される正答率が出せればOK!

【応用ルール②】

テスト前――「覚える」と「解く」は3対7!

- 定期テスト2週間前は、どんどん解いて仕上げていく

【応用ルール③】

定期テストのリハーサルをする

- 漢検などで広い範囲を長い時間かけて勉強する体験をする

オススメ教材

『漢検6級 過去問題集』(公益財団法人 日本漢字能力検定協会)

3章

取り組んではいけない危険な勉強法ワースト5

3章を読む前に

——どんなに時間をかけて勉強しても、やり方を間違えれば「ムダ」になる

1、2章では、取り組んでほしい勉強法について書いてきましたが、この章では「取り組んではいけない危険な勉強法」についてお伝えしていきます。

まるで脅しのようですが、中学生になってこの勉強法をしていると、かなりヤバい結果を招きます。

今日まで20年以上もの間、塾に通ってくるさまざまな生徒たちを見てきましたが、今からお伝えする勉強法で取り組んでいる生徒たちは、残念なことに、努力していてももれなく成績が悪いのです。

彼らは、時間をかけて間違った努力、ムダな努力をしてしまっています。

これは本当にもったいない。

時間をムダにしてしまうお子さんが少しでも減るように、この章ではあえて、「ダメな勉強法を否定し続ける厳しい記述」が続きますが、ご容赦ください。

ただ、これらの勉強法をやめ、「7つの基本ルール」「3つの応用ルール」に沿って勉強した生徒たちは、ぐんぐん成績が上がりました。

当塾の生徒と同じ展開を、皆さまのご家庭にも起こしたいのです。

成績が上がらない危険な勉強法をここで確認して、くれぐれもお子さんが取り組まぬように気をつけてあげてください。

【取り組んではいけない勉強法①】

教科書まとめ勉強

危険な勉強法の筆頭は「教科書まとめ勉強」です。

この勉強法の危険なところは、取り組むべき人が取り組めば、しっかりと成果が出てしまうところです。

そして、この勉強法をオススメする学校の先生が一定数いらっしゃるのも、また事実です。

ですが、世の中の大半の子どもたちは、これで成果を出すことはできません。

それはなぜか？

「教科書まとめ勉強」は、**一見誰もができそうに見えて、実はとても高度な勉強法だ**からです。

教科書まとめ勉強で行われている作業は、

①教科書を読んで理解し
②脳内で要点を整理して
③ノートに要点を再配置する

という内容です。

こんな高度な勉強をちゃんとやれるのは、40人クラスで2人いたらいいほうです。

つまり、学年で常時上位5％に入れる生徒だけがこなせる勉強法なのです。

これをクラス全員にやらせようものなら、要点がどこかわからず、要点整理も要点の再配置もできず、大半の生徒が「ただの教科書丸写し」になります。

また危険なことに、この勉強をすると〝がんばった風なきれいなノート〟ができ上がってしまうのです。

「おお、美しいノートができた。ウットリする。先生オススメの勉強法だし、これでいいんだな。がんばっちゃったなぁ〜」

と、多くの子が勘違いしてしまいます。


ノートにまとめることを通して、頭の中に勉強内容を入れることが目的なのに、いつの間にか、きれいなノートを完成させることが目的になってしまうのです。


さらに短所を挙げると、教科書まとめ勉強はとにかく時間がかかります。

この勉強法でも成果を出せる一握りの優秀な子は、〝本当の意味で密度の濃い〟圧倒的な勉強時間を確保しています。

つまり、まとめ勉強に時間を大きく割いてなお、問題演習にも時間を割くことができるほどの勉強量をこなしているのです。


たぶん、まとめ勉強をオススメなさる学校の先生方は、子どもたちが圧倒的な勉強時間を確保していることを前提にしてらっしゃるのでしょう。

ただ、ここを勘違いして、さほど勉強時間を確保していない子がまとめ勉強に取り組むと、その作業に時間をかけ過ぎて問題演習に時間が割けず、テスト結果は悲惨なものになるばかりです。

誰が何といおうと、「教科書まとめ勉強」はやめておきましょう。

【取り組んではいけない勉強法②】

調べて埋める勉強

社会の問題演習時などに多いのですが、「教科書を見ながら問題集を解く」という方法を取っている生徒がいます。

教科書を横に置き、問題集の1問1問をすべて調べて埋めていくのです。この勉強をする子はもれなく高得点が取れません。

あたりまえですよね。この作業の最中、脳はほぼ動いていませんから。

ただの「教科書答え探しゲーム」「穴埋め語句探しゲーム」になってしまうからです。

これは絶対にダメです。

「調べて埋める勉強」をした子に、すぐに同じ問題を再度やらせてみても、全然できません。

「調べて埋める勉強」をしがちな子は、自分のできない姿を見たくない「完璧主義」の傾向があるようです。

実力で取り組んで、チェックマークでいっぱいになったボロボロの問題集を見たくないのです。かといって、正答が増えるように、事前に「覚える勉強」に取り組むのも嫌なのです。

もしくは、「勉強に疲れたから、脳を動かさずに勉強風のことでお茶を濁したい」というのが案外本音だったりするのでしょうか。

また単純に、正しい勉強法だと信じて、取り組んでいる子もいますね。

その単元を一連の流れも含めて、ひとかたまりで覚える作業をしないまま、この勉強に取り組んでしまうと、ただの1問1答の寄り集まりのような知識になってしまいます。

少し出題の角度を変えられてしまうと、まったく手が出せなくなるような薄っぺらな知識が残るのみです。

わからない問題を調べるのと、すべての問題を調べて埋めるのは、まったく別の作業です。

調べて埋める勉強をするお子さんを見たら、すぐに止めてあげてください。

そして、

「覚えるなら覚える。解くなら解く。混ぜない！」

と伝えてあげてください。

「覚える勉強」と「解く勉強」を混ぜてはいけません。危険です。

【取り組んではいけない勉強法③】

ながめ勉強

ここでいう「ながめ勉強」とは、教科書を読み続けるだけの勉強法です。

勉強時にペンを握らず「見る」だけで、テスト本番を迎えてしまうのです。

これまた、とても危険です。

当塾でこんな勉強をしている子がいれば、速攻で止めます。

危険な理由はただ1つ。

覚えるべき内容が頭の中に入ったかどうか、本人も含めて誰にも判断ができないからです。多少頭に入っていたとしても、テストで問われるレベルまで到達しているのかどうか、これもテストをやってみるまでわかりません。

ながめて覚えるだけですべてが解決するならば、世の中に問題集もノートも存在しないでしょう。

ながめ勉強に取り組みがちなのは、ある程度結果を出してしまう、そこそこ能力の高い子です。ある程度結果を出してしまっているからこそ、この勉強法を続けてしまいます。書くよりも手間と時間を短縮できるので、効率がいいと思うのでしょう。

とはいえ、先ほどの短所が足を引っ張って必ず伸び悩みます。

理解の浅いところは、実際に書いて問題を解いてみないと、炙り出されません。

また、勉強が大嫌いな子もこの勉強法をしたがります。

サボろうと思えば、どこまでもサボれてしまうからです。

真剣に覚えようと必死で教科書を読んでいる姿も、他の事を考えながら教科書をながめている姿も、外から見たら一緒ですからね。

「見て覚える勉強」と「問題を解く勉強」は必ずセットです。

お子さんが、見て覚える勉強だけで終えようとしているときには、必ずストップをかけてあげてください。

取り組んではいけない勉強法④

ながら勉強

「人間はね、1度に2つのことができないんだよ」

幼なじみのK君が、小4のときに私に教えてくれました。

K君は愛知県屈指の進学高校から、超一流といわれる大学に進学していきました。

何かをしながら勉強をする生徒のことを見ると、私はいつもK君のこの台詞を思い出します。

小4のときの私は「そんなことないでしょ？　2つのことぐらいできるでしょ」なんて反論しましたが、大人になってようやくK君のいうことがわかりました。

1度に2つのことはできない。

「ながら勉強」というのは、正にこの「1度に2つのことをする」勉強です。

小4にして「人間はね、1度に2つのことができないんだよ」などといってのけるK君ほど優秀な人は、やはりなかなかいないものです。

その証拠に、多くの子が「ながら勉強」をやってしまっています。

この章では、危険な勉強法を5つ紹介していますが、この「ながら勉強」こそ、一番やっている子が多い勉強法です。

一番多い「ながら勉強」は、やはり「音楽を聴きながら勉強」。

勉強時にはほぼ使うことがない聴覚を使って、音楽を聴きながらやろうという作戦です。

私は断固反対です。

私自身も実際に音楽を聴きながら勉強してきましたが、だからこそ反対するのです。

「音楽を聴きながらやると集中できる」なんてことをいう人がいますが、それはうまく音楽を雑音に変えて、勉強に集中できたレアケースです。

音楽の種類や、その日のコンディション、またはその人自身によって情況は変わり、うまくいくばかりではありません。

さらに厳しいことをいってしまえば、本人がうまくいっていると思い込んでいるケースがほとんどではないでしょうか。

大半の子たちは音楽に意識を引っ張られ、音楽を楽しみながら、勉強への集中度を下げ、時間ばかりが過ぎる濃度の薄い勉強を繰り広げていると断言できます。

入試前日に、音楽を聴きながら勉強するでしょうか？

恐らくしませんよね。これが答えだと私は思います。

また、テストの最中にも音楽は聴けません。「ここ一番！」の勝負のときに、再現できない環境での勉強に何の意味があるのでしょうか。

もはや害悪でしかありません。

悪いことはいわないので、「音楽を聴きながらの勉強」には、手を出さないようにしてください。

ちなみに、テレビを見ながら、スマホを触りながらといった、視覚を奪われる「ながら勉強」は論外です。

【取り組んではいけない勉強法⑤】

書きまくる勉強

書いて覚えるのは、漢字や英単語などを覚える際の基本です。

1章でも説明したように、書いて覚えること自体は否定しません。

ただ、私が気をつけて取り組んでほしいと思っているのは、先にも少し触れたように、やみくもに単語を書きまくる勉強についてです。

子どもたちは英単語の練習などで、機械的にものすごい回数を繰り返し書こうとすることがあります。

たとえば、「bus」のような簡単な単語。

5回も書けば、何なら見ただけでも十分覚えられるであろう単語を、平気で20回、

30回と書くのです。

なぜそんなことが起こってしまうのでしょうか？

それは学校の先生が、練習する「量」をノルマにするような宿題を、過去に何度も出してきたからです。

子どもたちは、「1つの単語を最低2行練習してくる」とか、「英単語の勉強を1日1ページやってくる」といった宿題を何度も課されるうちに、覚えることではなく、ノートをたくさん埋めることが目的だと勘違いしてしまうようになります。

漢字ドリルなども、簡単な漢字であっても、マス目の数だけ練習として書いて埋めるようにできていますよね。量をこなすことをよしとする作りなわけです。

こんな宿題を繰り返しているうちに、子どもたちは、何も考えず1つの単語を2行書きまくるような、変なクセをつけてしまったりするのです。

「たくさん練習するのがいい」というのは、あながち間違いではありません。

しかし、あくまで覚えるために多く練習したほうがよかろうというだけで、5回も書けば覚えられる英単語を30回も書いていたら、ただの時間と労力のムダです。漢字と英単語の覚え方をｐ48で解説しましたが、あの覚え方をベースに、練習する回数をお子さんにあわせて調整してください。

何も考えずにひたすら書きまくるのは、これで終わりにしましょう。ノートを埋めるのが目標ではなく、覚えることが目標です。魂込めて練習し、少ない回数で覚えてしまうことを目指してください！

4章

教科別・中学校入学までに必ずマスターしたい要点

4章を読む前に

——すべてを理解しなくても「要点」を完璧にすれば心配いらない

この章では、中学校に入学する前に、確実にマスターしておくべき要点を教科別で具体的にお伝えします。

中学に入学すると部活もはじまり、生活は一気に慌ただしくなります。慌ただしい毎日がはじまれば、小学校時代の復習に時間を割くことは、かなり難しくなってしまいます。

ただ、いうまでもないことですが、中学校での学習は、「小学校で習ったことが理解できている」という前提で進められることが多くあります。

そこで、この章では、時間があり、親のいうことを聞いて勉強に取り組むことができる小学生の間に、じっくり時間をかけて復習し、身につけるべき要点について、教科別に厳選してまとめました。

もちろん、すべての学習内容をじっくりと復習して、マスターするのが一番望ましいのは確かですが、誰もができることではありません。

そして、その重要度には教科によっても、単元によっても差があります。

ですから、これから書く要点について、まずは最優先で取り組んでみてください。

夏休みなどもうまく使って、小学校6年間の要点総復習をし、中学生になるまでに、完璧にマスターしておくようにしましょう。

これから説明する要点について完璧にしておけば、中学からもほぼ心配ないでしょう。

国語

1 ぶっちぎりで大事なのは「国語」の復習

小学校の復習を教科で分けた場合に、ぶっちぎりで大事なのは「国語」です。

「頼むから国語をしっかりとやらせてやってくれ」

同窓会などで小学生の子を持つ同級生に会うと、私はまずはこういいます。

「小学校6年間で、算数とともにメイン教科として扱われてきた国語は、中学に入ると勉強の優先順位最下位に成り下がるんだよ」

「中学に入ると新しく英語が入ってくるし、部活動も忙しいし、ある程度理解できる国語が勉強されることはほぼないんだ」

「しかし国語は、すべての教科の土台として使われる最重要教科。小学生のうちにどれだけ国語の力を身につけられるかが、中学に入ってから、どれだけ成績を伸ばせるかにもつながる」

「塾でも最初の面談で、国語がどれだけできるかをチェックするよ。国語の成績が成績の上げやすさといっていいぐらいだ」

「だから、頼むから国語をしっかりとやらせてやってくれ」

国語という教科の重要性が伝わりましたでしょうか？

この章でも、国語を中心として、中学入学までにマスターすべき要点をお伝えしていきます。

国語

2 全教科の基礎「漢字」

国語を操る核となるのが漢字と語彙力（ボキャブラリー）です。

漢字の読み書きができなかったり、語彙が少なかったりすると、中学に入ってかなり苦戦することになります。

たとえ文法を知っていようと、意味のわからない英単語が多く含まれた英文は訳せないように、漢字が読めなかったり、語彙が少なかったりすると、子どもたちは教科書が読めないからです。

社会の教科書など、とくに読み解くのがつらくなります。

さらに、教科書が読めない子は自学自習ができないのです。

この状況は絶対に避けなければなりません。

先にも書いたように、国語に対して時間を割けるのは小学生のうちだけです。

こればかりは、苦手だろうが嫌いだろうが関係ありません。

かつて、まだ幼いお子さんに、有無をいわさずお箸の練習をさせたように、国語の勉強にもしっかりと取り組ませてください。

では、まず語彙にも含まれる漢字から、説明していきます。

☑まずは「読み」、次に「書ける」ように

小学校6年間で、約1000字の漢字を学びます。

今も昔も、テストは紙に書きだす形式です。つまり、漢字も、最終的に書けるようになることが求められます。

ただ、日常的には漢字を含め、文字を手書きする場面は一昔前と比べて限定的です。手元にスマホがないことのほうが珍しいですから、書くことよりも読むこと、そして読んだ漢字・語句の意味を知っていることのほうが、より重要であると私自身は感

じています。

お子さんの漢字学習サポート時には、そんなところにも気をかけながら、まずは正しく読めること、意味を知ることを大切にしてあげてください。

その後、正しく書けるように学習を進めていきます。

また、目標を持って漢字の勉強に取り組んでもらうために、先にも紹介した「漢検」を受験するのもいい手段ですね。

漢検は中学校での定期テストのリハーサルともなり一石二鳥です。

うまく活用していただければと思います。

国語

3 小学生のうちに増やしたい「語彙力」

漢字の次は語彙も増やしていきましょう。

語彙力とは、「使える言葉の量」ともいい換えられるでしょうか。学校の指導の中で、語彙を増やす指導はほぼありません。そのため、家庭でがっつり取り組む必要があります。

☑楽しみながら身につけるには？

語彙力を強化するにあたっては、

①気軽に調べる
②本に親しませる
③語彙本に取り組む

という3つの方法が取り組みやすいと思います。
順に詳しく説明していきます。

①気軽に調べる

以前なら、小学校低学年で辞書の使い方を学んだのち、語句を調べるときの主役はずっと変わらず辞書でした。

しかし、「語句がわからなかったら、辞書で調べてごらん」というあたりまえの台詞に変わって、時代とともに「ネットで調べてごらん」という声かけが登場しました。

小学生のうちは辞書で調べるという手段で事足りるとは思いますが、中学生以降は、ネットで調べるという手段を多用する場面が増えてきます。端末さえあれば10秒かからず調べることが可能だからです。

そこで、小学生のうちからネットでも、語句を気軽に調べる習慣をつけていきましょう。

辞書とネットを二刀流で使いこなせるといいですね。

理想は、知らない言葉が出てきたときに、家族一丸となってすぐにネットで調べる習慣をつけることです。

「お母さん、○○ってどういう意味?」と聞かれたら、まずは「お母さんのスマホで調べてごらん」と声をかけるようにします。

会話やテレビで出てきた語句について、「○○ってどんな意味か知ってる? 知らなかったら調べてごらん」と親御さんからお子さんに投げかけて、調べる機会を作ってあげるのもオススメです。

また、親御さん自身が、わからないことを即座にネットで調べて解決していく様をお子さんに見せることで、「ネットで調べる」ことへの敷居を下げていってあげてください。

②本に親しませる

スマホの登場により、活字離れに拍車がかかっています。

ＹｏｕＴｕｂｅやスマホゲームに時間を取られ、子どもたちが文字を読む機会が、どんどん減っているのです。

少し前までは、マンガも読まないなんて子が当塾の面談に来たら、心底驚いたものでしたが、今はもう驚きません。

ＹｏｕＴｕｂｅやスマホゲームではもちろん語彙は増えません。本を読むように仕掛けていきましょう。

仕掛け方は、図書館に一緒に行くか、どんどん興味のある本を買い与えるかです。

このときに重要なのは、〝親が読ませたい本〟ではなく、〝本人が読みたい本〟を読ませてあげることです。

まずは、本に興味・関心を持ってもらうことが大事だからです。

以前、勉強が嫌いで他の教科は苦手だけれど、国語は抜群に成績がいいサッカー好きの子がいました。

「なぜ、国語だけ？」と不思議に思って親御さんに聞いてみたら、親御さんが買っている大人向けの「月刊サッカーマガジン」を隅々まで読んでいると教えてくれました。

これです。この展開を目指したいのです。


ゲームが好きならばゲームの攻略本でもいいのです。

アニメが好きならばアニメの小説版でもいいのです。

ファッションが好きならばファッション誌でもいいのです。


もしも活字に苦手意識があれば、マンガからでもいい。

マンガであっても活字に触れる貴重な機会であり、この後、社会の項目ではマンガを使った学習方法もお伝えします（p139）。

知らない語句があっても、前後の話の流れから言葉の意味を推測できます。気になれば辞書やスマホで調べもするでしょう。

小学生のうちにどれだけ活字に触れて親しむことができるかは、中学以降の学習においてとても大きなポイントです。

③語彙本に取り組む

これは、本が大好きでずっと本を読んでいるような子、すぐにわからない言葉をスマホで調べるような子には、あまり必要性のない作戦です。

ただ、本好きな子に限って、語彙本も熟読していたりします。

大人たちが、普段の食生活の中で自然に取り入れることが難しい栄養素をサプリメントで補うように、子どもたちに足りない語彙も人為的に語彙本で補いましょう。

幸い今は、よくできたおもしろい語彙本がたくさん販売されています。

私のオススメは『ふくしま式「本当の語彙力」が身につく問題集［小学生版］』（大和出版）と『マンガでわかる！　10才までに覚えたい言葉1000』（永岡書店）の2冊です。

言葉の勉強として取り組んで、お子さんの語彙力アップを目指してください。

国語

4 全教科の勉強をスムーズにする「読解力」

さて、先に挙げた漢字も語彙も、すべては読み解く力「読解力」につながります。

文章に書かれた内容の意味を理解できなければ、話ははじまりません。

あたりまえですが、小学校で習うすべての教科の教科書もテスト問題も、日本語で書かれています。

読解力が高まれば、各教科の教科書に書かれた内容をより正しく理解することができるようになります。

読解力を高めることが、そのまま全教科の勉強をスムーズにするのに一役買うのです。

読解力のパワーがいかに大事かについて、左の図で説明しましょう。

海に泳ぐ魚は「文章の内容」を、魚を捕る網は「読解力」を表しています。

網目が細かな網（＝読解力が高い）で漁をすれば、その海域の魚（＝文章の内容）は、大きい魚も小さい魚も一網打尽にできますよね。

文章に書かれた内容を、キッチリすべて受け取って理解できるわけです。

対して、読解力が低い状態は、かなり網目の大きな網を使って漁をしているようなもの。大きな魚はかろうじて捕れますが、ほとんどの魚は網目から逃げてしまいます。

つまり、文章に書かれた大まかな内容をかろうじて理解できるかどうか、という状態を表しています。

実際の漁では、まだ育っていない小さな魚を守るべく、網目を大きめにして漁をすることもあるそうですが、読解力においては網目は細かければ細かいほどいいのです。すべての魚を捕りきり、書かれた内容をすべて理解したいものです。

では実際に、読解力を高めていくために取り組みたいことをお伝えします。

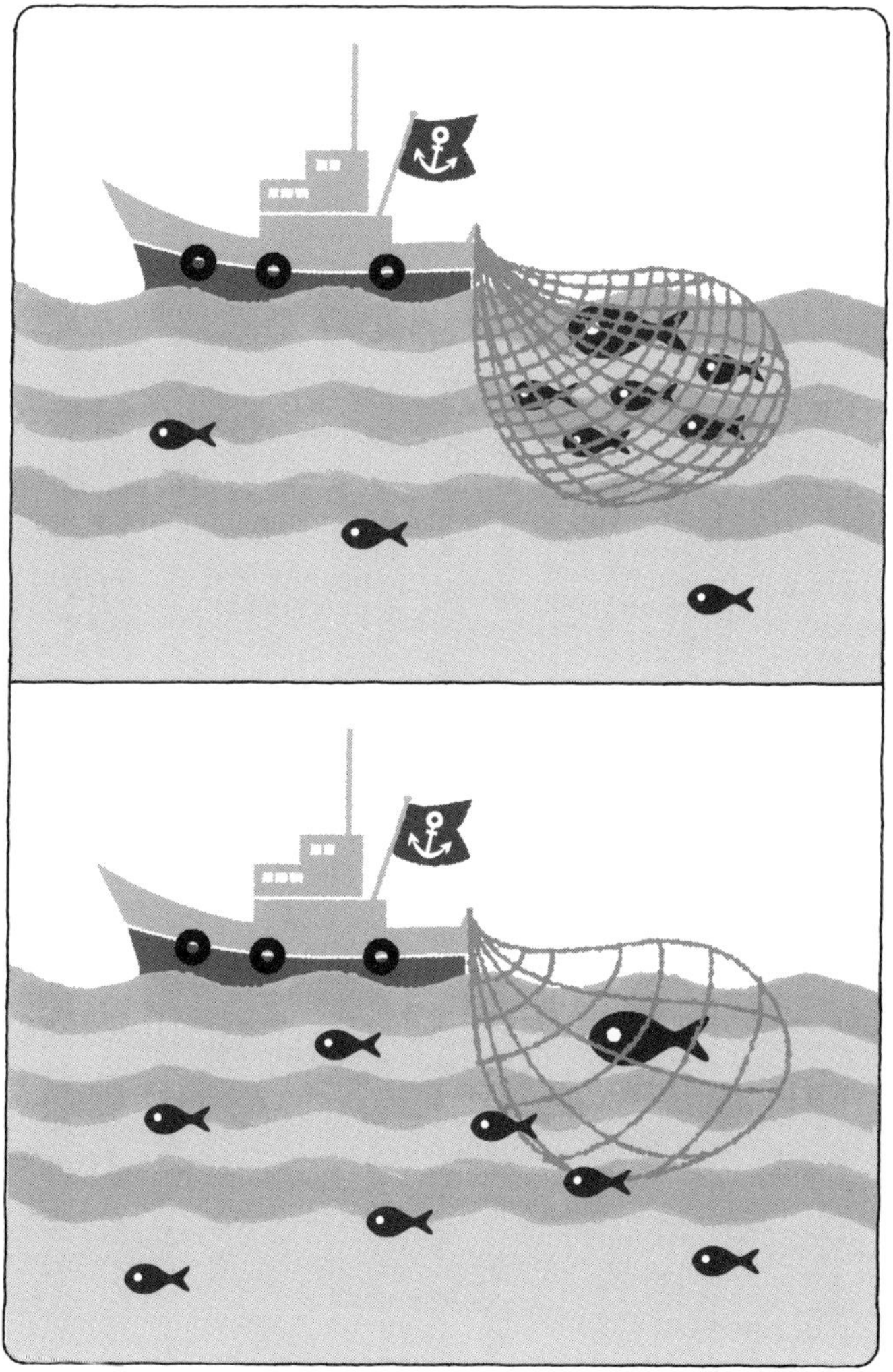

☑市販教材に取り組むのが一番早い

読解力をつけるためには、読解力を高める市販教材に取り組むのが一番です。オススメは『ふくしま式「本当の国語力」が身につく問題集［小学生版ベーシック］』（大和出版）です。

先ほど語彙本でもご紹介した人気シリーズの1冊です。

元小学校教師で、現在横浜で国語塾を運営されている福嶋隆史先生のご著書ですが、本当に素晴らしくて、出版された当初からずっと当塾での指導に使わせていただいています。

今まで国語力をつけるためにやってきた勉強は、雲をつかむようなものも多かったのではないでしょうか。

本当に国語力につながっていると確信できる取り組みが、どれだけあったでしょうか。

たとえば、ひたすらさまざまな文章の読解問題を解くなど、「これをやることで本当に力がつくのかな？　もっと具体的に細かく演習できないのかな？」と、不安になるような取り組みだったと思うのです。

このテキストは、そのあたりが明確です。

国語力の根幹にあたる力を、福嶋先生が独自に「言いかえる力」「くらべる力」「たどる力」の3つにジャンル分けされ、それぞれの力をひたすら練習するための教材だからです。

市販教材で入手しやすいのも嬉しいポイントです。

最初に紹介した1冊をやりつくしたら、次は『ふくしま式「本当の国語力」が身につく問題集［小学生版］』、そして『ふくしま式「本当の国語力」が身につく問題集2［小学生版］』と続けて取り組んでほしいですね。

夏休みなど長期休暇も利用しながら、小6の1年間で3冊やりきることができたら大きな力となります。

国語

5 「ローマ字」は英語につながる

今まで長らく小学校4年生で学んでいたローマ字の学習が、平成23年より小学校3年生で学ぶように早まりました。

文科省によると、その理由は、ローマ字に触れる機会や、パソコンのキーボードを使って調べ学習をする機会が増えたからとのこと。

小学生のうちに、しっかりとローマ字をマスターしておくことは本当に重要です。文科省の見解はもちろんのこと、英語学習への入りをスムーズにするからです。

2020年からは小学英語の指導もスタートします。ローマ字学習の重要性はさらに増すといっていいでしょう。

ローマ字学習からの英語学習という流れについては、賛否両論ありますが、国の方針として何十年もこの指導が続いています。

現状の流れに沿って勉強していくのが、今の段階ではベストだと思われます。

☑プリント学習→タイピングの順番で

指導の現場にいる私たちも、ローマ字学習には長所があると感じています。

「英単語の正しい読み方や綴りを想像できる力がつく」というのが、ローマ字学習の最大の長所です。

「英単語の正しい発音がしにくくなる」という短所もありますが、長所の大きさには比べられませんし、その事実を知ったうえで対応していくことで克服できます。

また、前にも書いたようにパソコンでの文字入力の際、ローマ字の知識は欠かせません。

ローマ字の復習は、日本地図（p46）同様に「ちびむすドリル」からローマ字練習プリントをダウンロードして取り組むといいでしょう。

プリント学習でローマ字が一通り身についたなら、パソコンでタイピングの練習を兼ねてさらに取り組むことをオススメします。

タイピング自体が初心者ならば、「イータイピング」というウェブサイトでローマ字とタイピングの習得を。

基礎が身についていれば、「寿司打」というウェブ上で遊べるタイピング練習用のゲームで、楽しみながら学ぶこともできます。

算数

6 今も昔も土台になるのは「計算力」

算数について小学生のうちにマスターすべきは、四則計算です。

今も昔も土台となる計算力の大切さは変わりません。まずは基本のきである計算が整わなければ、どの単元もはじまらないからです。

しっかりとした計算力をつけるべく、計算の復習を行っていきましょう。

☑四則計算で特に重要なのは？

具体的な復習内容は、小5の学習内容から「通分」「約分」「分数の足し算・引き算」、小6の学習内容から「分数の掛け算・割り算」です。

そうです。**徹底的に分数を復習してほしい**のです。

分数と小数は、中学に入ると扱いに大きな差がつくようになります。

小学校では同じぐらいの時間をかけて学ばれるこの2つですが、中学に入ると小数はめっきり見かけなくなります。

対して分数は、引き続き第一線で使われ続けます。

中学の定期テストで点数を上げるために作られた、人気塾用教材「フォレスタ数学」というシリーズがあります。この教材は全国から数万枚の定期テスト答案を集め、分析し、作成されており、小学校の内容を復習するページが最初にあります。

そこに掲載されている復習内容は、分数に関するものが大半で、小数について復習をするページはありません。復習単元を絞りに絞ると、**最優先に復習すべきは分数**だということが、この人気教材の紙面にも表れています。

そんなわけで、とにかく**分数を手厚く復習するのが大切**です。

「通分」「約分」「分数の足し算・引き算」「分数の掛け算・割り算」は徹底的に取り組

んでください。

オススメ教材は、小4から小6で習う分数の計算だけをまとめて学習できる『いっきに極める算数4　小学4〜6年の分数の計算』（くもん出版）です。

この教材を本屋さんで見つけたときには、嬉しくて声が出そうになりました。

取り組む時期は、分数の割り算まで習い終えた小6の夏休みがいいでしょう。

ページあたりの問題数も少ないので、1日3ページから5ページずつ取り組めば、夏休み中に終えることができます。

☑余力と時間がある場合には

さて、無事に分数の復習を終えて分数をマスターした、もしくは、もともと分数はよく理解していて余力があるなら、「割合」「速さ」「図形」などの単元の復習にも取り組んでみてください。

教材は先ほどご紹介した「いっきに極める算数」シリーズ、「割合と比例」「図形と面積・体積」のバージョンがオススメです。

社会

7 都道府県名を位置とともにマスター！

1章でも書いたように、都道府県の知識は、九九の知識とともに今後ずっと役立ちます。

まずは高校入試時に役立ちます。都道府県の位置を覚えていなければ、答えにたどり着けない問題が出題されたりします。

最低限知っておくべき、基礎的な知識として扱われるのです。

その後、日本で生活し、仕事をするならば、当然役立つ知識でもあります。

都道府県名とその位置、さらに県庁所在地は、小学生のうちに完全マスターしてしまいましょう。

☑アプリを使って「覚えたか」の確認をする

p46では正しい覚え方の練習として、実際の地図を使った都道府県の覚え方をご紹介しました。

何度もいっているように、最終的には紙に書いて定着度を確認するという今のテストの形式でできるようにならなくてはいけませんが、ここではまた、少し違った方法で都道府県にまつわる知識を覚える学び方をお伝えします。

「あそんでまなべる日本地図パズル」「あそんでまなべる日本地図クイズ」アプリを利用した勉強方法です。

学習用のアプリは数多あるものの、使えるものと使えないものの差が激しいのですが、このアプリは素晴らしいのです。

全都道府県をパズルのように指で当てはめていくゲームや、4択で県庁所在地を答えていくゲームなどが収録されており、タイムアタックの結果がランキング形式で表示される機能もあって、とてもおもしろいのです。

ただ、残念ながら覚える機能はついていません。

「覚える学習」には他のやり方を活用してもらい、「覚えたか」の確認に、ぜひアプリを使ってみてほしいと思います。

社会

8 歴史は「一連の流れ」をつかむ

小学校と中学校で2度学ぶ歴史ですが、苦手な生徒の多いこと多いこと。小学生のときに得意だった子でも、中学生になると一気に苦手になるケースも多く見受けられます。

その理由の1つに、一連の流れが頭に入っていないことが挙げられます。歴史の授業は、他の教科に比べて、どうしても一方的な講義になりがちです。するると、歴史に興味が持てるかどうかは、担当してくれる先生次第ということになってきます。

歴史に興味を持てなかった生徒たちは、小学校卒業時には細切れでバラバラの知識が整理されぬまま、頭の中に少しだけ入っている状況です。

そのまま中学に進学して再度歴史を学ぶのですが、細切れでバラバラの知識が頭の中にあるだけという状況は基本的には改善されません。

中学に入って本格的に歴史を学ぶ前に、歴史の大きな流れを身につけておきましょう。これが骨組みとなり、中学で学ぶ内容が、そこに肉付けされていきます。


歴史の得意な子はいつもいってました。

「細かな歴史の年号なんて覚えなくても、前後のでき事を考えれば問題は解けるよ」

私はそんな台詞に対していつも思っていました。

「出た出た、歴史好きの得意な台詞。前後の流れなんてわかんないから、年号をたくさん覚えてやるしかないじゃん」

そう、私もまた、歴史の大きな流れを身につけていなかったために、歴史の勉強に苦労したタイプでした。自戒も込めて、子どもたちには時間的な余裕がある小学生のうちに、歴史の大きな流れをぜひ身につけてもらいたいと思っているのです。

☑小学校卒業までに〝5回〟しておきたいこととは？

歴史の大きな流れを身につけるのにオススメの方法は、歴史マンガを読破することです。『学年ビリのギャルが1年で偏差値を40上げて慶應大学に現役合格した話』、通称「ビリギャル」の物語の中で、ビリでギャルな主人公に対して、坪田先生が「明日までに、歴史マンガを5回読んでくるように」と指示を出したことで有名な作戦です。ビリギャル以降、歴史マンガはとても充実しています。各社が力を入れて改定・制作しており、どれにしようか迷ってしまいます。

今回の目的は、小学生へ向けて「歴史に親しみを持たせる」「歴史の流れを感じさせる」こと。

これを踏まえて、私は２０１５年に発売された『角川まんが学習シリーズ　日本の歴史』をオススメします。

巻数が他社に比べて少なく、コンパクトでソフトカバー、有名マンガ家が表紙を担当し、描かれるマンガもコマ割りなど今風です。

電子書籍版も発売されていますし、角川まんが学習シリーズが今の小学生に一番読みやすいのではないかと思います。

ただ、巻数が少ないとはいえ、全巻で一万円を超える買い物です。電子書籍版で試し読みするなどしてから選んでください。

小4ぐらいでも、何とか読めるのではないかと思います。

ビリギャルをマネして、小学校卒業までに5回読むことを目指しましょう。

ちなみに、歴史マンガを読む気がなさそうなお子さんには、

「毎日計算ドリル5ページやるのと、毎日歴史マンガ1冊読むのとどっちがいい？」

なんていうズルい2択を持ちかけてみてください。

「じゃあ歴史マンガ読む」となるかと！

理科

9 あえて復習しなくてもOK！

さて、いよいよ最後になりました。残ったのは理科ですが、実は復習しなくても大丈夫な教科です。

「どうして、理科は復習しなくていいの⁉」なんて声が聞こえてきそうですが、理由として、同じ内容が中学で改めて各単元登場するからです。

小学校までは、各単元の深さもそれほどではなく、あえて復習するほどではないというのが、私の現場判断です。

理科の復習に時間を割くことなく、他の教科（特に国語！）について内容を深めるほうに時間を割きましょう。

もちろん、充分余力のある子や理科が好きな子に関しては、この限りじゃありません！

【算　数】

⊳まずは「分数」の四則計算をしっかりと

⊳その後余力と時間があれば
「割合」「速さ」「図形」の復習を

オススメ教材

『いっきに極める算数４小学４〜６年の分数の計算』
『いっきに極める算数６小学４〜６年の割合と比例』
『いっきに極める算数５小学３〜６年の
図形と面積・体積』

（以上、くもん出版）

【社　会】

⊳都道府県名を位置とともにマスターする

⊳歴史の一連の流れを歴史マンガでつかむ

オススメ教材

『角川まんが学習シリーズ　日本の歴史全15巻』

（KADOKAWA）

教科別
中学校入学までに必ずマスターしたい要点

【国 語】

- 漢字はまず「読める」ようにする
- 漢検を受検する
- 語彙を増やす
- 読解力を身につける
- ローマ字をマスターする

オススメ教材

『ふくしま式「本当の語彙力」が身につく問題集
[小学生版]』（大和出版）
『マンガでわかる！ 10才までに覚えたい言葉1000』
（永岡書店）
『ふくしま式「本当の国語力」が身につく問題集
[小学生版ベーシック]』
『ふくしま式「本当の国語力」が身につく問題集
[小学生版]』
『ふくしま式「本当の国語力」が身につく問題集2
[小学生版]』（大和出版）

5章

親が心掛けたい学習サポート

5章を読む前に
——成績がいい子の家庭には「学習サポート」に驚くべき共通点がある

この章では、親御さんにがんばっていただきたい、学習サポート（生活習慣など）についてお伝えしていきます。

先にもお伝えした通り、私はこれまで、小中学生の親子を2000組以上、定期的に面談してきた経験があります。

あたりまえですが、親子が抱える悩みや勉強への取り組み方などすべてにおいて、千差万別です。

ただ、成績がいい子のご家庭には、勉強法の他にも学習サポートなどに驚くほど共通点があったのです。

当塾では、その共通点を「5つのサポート法」にまとめ、ご家庭で取り組んでもらえるように親御さんにお伝えしています。

それをご紹介いたします。

特に中学生になると、環境の変化と思春期が重なり、なかなか親のいうことを聞かなくなってきます。

勉強はもちろんのこと、生活習慣などについても、親御さんのサポートのもと、なるべく小学生のうちに身につけられると、親子ともに負担が減らせると思います。

【サポートルール①】

生活リズムは親が死守

まずお願いしたいのは、お子さんに十分な睡眠と栄養ある食事を、与えてあげてください。

――「何をあたりまえのことを……」と思われたのはもう何度目でしょうか。

ただ、この「あたりまえ」の重要度が一番高いのもまた、今までもお伝えしてきた通りです。

中学生の場合、生活リズムが乱れているときは、それを整えるだけで成績が格段に上がるほどです。

それほど、「睡眠と栄養」は重要であり、そして乱れやすいのです。

睡眠不足はすべての敵

ここで、子どもたちにも理解しやすいように、睡眠の大切さを部活にたとえてお伝えしましょう。

サッカー部の3年生にとっては最後の夏の大会、この試合に勝てば県大会出場が決まる重要な一戦。

スコアは2対2のドローで試合は後半戦に。選手交代枠は後1つというところで、選手負傷により急遽選手交代が必要になったとします。

交代選手候補は、能力が同じぐらいの2名の選手。

「体調万全で顔色のいいA選手」と、「睡眠不足でボーっとした感じのB選手」。

さて、あなたが監督ならば、どちらの選手を試合に出しますか？

……って、聞くまでもありませんよね。もしも、B選手のほうが少し能力が高かったとしても、大半の人がA選手を選ぶことでしょう。

全力が出せない状態で試合に出場するなら、戦力としては能力が低い選手と一緒です。スタミナが切れて、終盤に足が止まってしまうことも容易に想像できます。

睡眠不足の生徒は、これと同じことを日々学校の授業で繰り広げているのです。


引き続き、体調万全の生徒Aくんと、睡眠不足の生徒Bくんに登場願いましょうか。

睡眠不足の状態で受講する、Bくんの6限分の授業。

しっかりと聞いていたのは、1限目だけ。

2限目からはだんだんと睡魔に襲われて半分居眠り。昼食後の5限目からは睡魔に負けてフルで居眠り。

体調万全で6限しっかり受講したAくんの学んだ量は、睡眠不足のBくんの倍以上です。


この恐ろしさを、感じていただけますでしょうか？

これが毎日積み重なって、逆立ちしても追いつかないほどの差が開いていくのです。

本書の最初でもお伝えしたように、本書で説明するすべてのことは、「学校の授業をしっかり聞くこと」を大前提にしています。

授業を聞いていなければ、自分が何を理解できていないのかさえわかりません。復習しようにも、なかなかはかどりません。

Bくんが定期テスト前にどれだけ真剣に取り組んでも、日々開いていくこの差を埋めることはかなり難しいといえます。

☑就寝時間は親の守備範囲

特に中学生になると、学習面ほか部活などでも、かなり忙しい日々を送ることになります。生活リズムの乱れがすべての足を引っ張る状況を避けるべく、小学生のうちからしっかりと生活リズムを整え、対処する必要があるわけです。

文科省は平成18年度より「早寝早起き朝ごはん」というキャッチフレーズで〝生活リズムを整えましょう〟と提唱しています。

この3つはセットのように扱われがちですが、実は「早寝」だけ守れば、後はうまくまわります。具体的には、

「小学生は21時頃に寝かせる」

ことが大事です。

イレギュラーがあって遅くなっても、21時半には絶対に寝かせます。

これを守ることができれば、おのずと朝、きちんと起きることができます。

もし、21時半に就寝して6時に起きても、8時間以上の睡眠時間が取れます。

目覚めもよく、十分な時間の余裕もあるため、朝ごはんもしっかり食べやすいでしょう。

つまり、「早寝」だけ気をつければ、するすると他の2つもできてしまうのです。

ですので、親御さんには、まず「早寝」を死守していただければと思います。

お子さんに早寝の習慣を身につけてもらうには、何があろうと鬼の心でその時間に消灯することです。

大げさに聞こえるかもしれませんが、22時になってしまったときには、親御さんが

怒りで震えるぐらいでちょうどいいのです。

それだけ、生活リズムを整えるのはすべての基本であり、大事なことです。早寝が〝あたりまえ〟になるように、日々しっかり寝かせてください。

就寝の際はもちろん、「ポータブルゲーム機」や「スマホ」は、リビングに。決して、寝室に持ち込ませないようにします。

「親のいうことは絶対」である小学生のうちに、このリズムを〝あたりまえ〟にすることで、中学生活はグンと楽になります。

中学生の親御さんからは、よく「〝宿題ができなかった〟とか、何とかかんとか理由をつけて就寝時間を守らない」とご相談を受けます。

しかし、小学生のときから「何があろうと、就寝時間は守らせる」「朝早く起きてやりなさい」と一貫した姿勢を見せていたご家庭の場合、中学生になってもしっかり生活リズムを維持できていることが多いようです。

ここは、親の本気を見せるところです。

早寝を習慣にできたなら、生活リズムは8割方うまくいく、といっても過言ではないのです。

ちなみに、中学生になったら、就寝時間を1時間延長し、22時台に寝かせます。イレギュラーがあって遅くなっても23時。これを家庭のあたりまえとします。

もちろん、小学生と同じ就寝時間でこなせるならば、そのままでOKです。

ただ、中学生が家でやらなくてはいけないことは、小学生のときの比ではありません。

すでに生活習慣の基礎は小学生で身についているのであれば、中学生は22時を基本としてもいいのではないかと思います。

☑「朝食はいらない」なんていわせない

また、生活リズムが崩れてくると、「朝食はいらない」といいだす子もいますが、私はオススメできません。

文科省の調査でも、朝食を食べない生徒はテストの点数が低かったというデータが明確に出ているからです。

特に女の子は中学生になると、ダイエットなどにも興味が向きはじめますが、大人ならともかく、成長期には1日3食が基本。

これも、小学生のうちから、しっかりと守ってほしいと思います。

【サポートルール②】

毎日の勉強タイムを作る

長年、塾で指導をしてきた経験からいえるのですが、勉強が得意な子ほど生活リズムは一定です。寝る時間もそうですし、食事の時間からお風呂の時間まで、生活リズムにブレが少ないのです。

これは、勉強する時間に関しても同じことがいえますね。

たとえば、夕食後20時から21時までは勉強する、という習慣が身についているのです。

ぜひ、「勉強が得意な子の家庭」のマネをしていきましょう。小学生のうちから固定された勉強タイムを日常に取り入れてほしいと思います。

習慣化のためにも〝ブレを少なく〟

小学生の間は学校から早く帰ってくることができますから、親御さんがお子さんの帰宅時間に在宅されている場合は、固定した勉強タイムを夕食前に設定してもいいですね。

たとえば夕食前の1時間、18時から19時という具合です。友だちとの遊びも、この時間までには終えて、必ず勉強すると約束し、実行するのです。

この場合、「今日は○○だからやらなくていい」と、例外を許してしまうと、あっという間にルールは守られなくなります。

修学旅行から帰ってきた日だろうが、運動会の日だろうが、関係ありません。体力の消耗が激しい様子なら、10分でもいいのでやらせましょう。

ここは親御さんが歯を食いしばって、定着するようにがんばってください。

もちろん、勉強タイムは夕食後に設定してもかまいません。

また、共働きのご家庭の場合、夕食の準備をしているときに、リビングで勉強させるのも効果的です。目も届きますし、「夕食まで」と決まっていると、集中しやすい面もあるようです。とはいっても、仕事の関係上、なかなか食事の時間が定まらないなど、難しい側面もあるでしょう。お子さんとも相談しながら、なるべくブレの少ない時間帯に勉強タイムを設定してあげてください。

中学校に入学すると、夕食前に勉強タイムを作るのは難しくなります。部活動がはじまれば、夕食まですぐという時間に、家に帰ってくるようになるからです。

よって、中学生になったら、夕食後すぐから最低1時間——たとえば20時から21時頃を、固定の勉強タイムとするのがいいと思います。

部活の試合帰りだろうが、宿泊学習帰りだろうが、関係ありません。小学生のときと同じく10分でもいいのでやらせます。

見たいテレビがあるなら、録画して朝か週末に。ブレずに、常に取り組むことが大切です。

☑早寝の子は朝に勉強タイムを

日々寝る時間が早い子は、朝早くに勉強タイムを作るのもいい作戦ですね。これは小学生・中学生どちらにもいえます。

生活リズムは整うし、世間はまだ寝静まっていて勉強に集中できます。

いいことずくめの朝の勉強タイムですが、1点気をつけたいのは「制限時間」です。登校時間がくれば勉強終了となるので、多すぎる宿題を朝に残したり、寝過ごしたりするようだと一発アウトです。

朝に勉強タイムを設定する際は、習慣が定着するまで親が一緒に起きて見守ってあげてください。

【サポートルール③】

スマホを制する親は子の成績を制する

いつの時代も、子どもたちは基本的に勉強が好きではありません。

それはそうでしょう。

今すぐに、何かの欲を満たしてくれるものではありません。お金にもなりません。大人でも英語などの勉強を続けるのはなかなか難しいのに、「将来のため」なんていう遠い未来のために今勉強ができるほど、小学生はもちろんのこと中学生も、精神的に成長していません。

そんな中学生だから、いつの時代も家庭学習時には、勉強を妨げる誘惑と戦う羽目になるのです。

昭和生まれの私の中学生時代、勉強を邪魔する誘惑の筆頭はテレビでした。その他テレビゲーム、マンガ、音楽、ラジオ……時代を感じます。

では、今の中学生にとって、勉強を邪魔する最大の誘惑は何か?

もう、おわかりでしょう。

「スマホ」です。

今や深夜であっても、気軽に友だちと通話もメールもできてしまう時代です。

なんなら、深夜にオンラインのスマホゲームで、友だちと一緒に遊ぶことも可能になり、まるで24時間学校の休み時間のようです。

人間の生活を便利に変えたスマホは、こと勉強面においては「ただの極悪装置」といっても過言ではありません。

ある著名人の方が「子どもにはスマホを与えて勝手にさせておけば、勝手に学んでいく」と発言されたことがありました。

ちなみにその方は、かなりの高学歴で、素晴らしい経歴の持ち主です。

そこまでいかなくとも、勉強が得意であった人ほど「スマホを学習に活かしたい」

などといいがちです。

ただ、私自身の長年の経験からいえば、子どもが学習時に、親の目が届かないところでスマホを使うことには、賛成できません。

ほとんどの中学生は、勉強どころではなくなってしまうからです。

大人でも、仕事中についSNSを見たり、ついネットサーフィンをしてしまったり、という経験があるはずです。

それと同じことです。

「スマホ」を持つ際のルールを決める

スマホに対する家庭の対応はとても重要であり、しっかりとルールを決めて実行していかなければ、子どもの成績は下降線をたどる一方になってしまいます。

では、家庭ではどのようにルールを決めればいいのでしょうか。

『ルール①』スマホを持たせるタイミングは中1の3学期がオススメ

少し前までは、高校に入学するタイミングで買い与えられることも多かったように思いますが、それはすでに過去の話。

今や、中学に入学するタイミングで買い与えられることが一番多く、たくさんの中学生が自分用のスマホを手にしています。平成29年度の内閣府の調査によると、現在、中学生のスマホ所持・利用率は約6割にもなるそうです。

私の現場での肌感覚でいうと、年々所有率は上がる一方です。

理想は高校生になるまで買い与えないことですが、今や部活の連絡網や友だちとの連絡もすべてＬＩＮＥで届きます。

いずれどこかのタイミングで買い与えることになりますし、いずれどこかで一度スマホの魔力にやられることになるでしょう。

これらを踏まえると、私がオススメするスマホを持たせるタイミングは、中1の3学期です。

理由としては、まずは中学生活に慣れることが一番大切だからです。

入学後すぐにスマホなど買い与えようものなら、即座に誘惑にのまれて生活リズムを崩し、ボロボロのひどい生活になるのは目に見えてます。

かといって買い与えるタイミングを粘り過ぎると、今度は子どもの反抗期がはじまってしまい、スマホの利用方法について最初から大きく揉めそうです。

大半の子が、一度はスマホを使い過ぎて、生活リズムを崩すこともあるという現状を考えると、その失敗は受験生になるまでに終えておきたいですよね。

これらを総合すると、中1の3学期頃がベストタイミングではないでしょうか。

『ルール②』契約時に3つの制限をかける

購入時にはスマホに制限をかけましょう。

子どもたちが欲にのまれて暴走するのを防ぐべく、事前にストッパーを用意しておくのです。

かける制限は、

・利用料金の上限を決める「通信量制限」
・深夜の使用を制限する「使用時間帯制限」
・有害サイトへのアクセスを禁止する「フィルタリング」

の3つです。

購入時に「この3つを実行できるスマホがほしい」とお店でお願いしてください。店員さんが、最適なスマホやプランを教えてくれるはずです。

【ルール③】学習時と就寝時はリビングで充電

子どもたちが、スマホの誘惑にのまれるタイミングは、基本的に自主学習時と就寝時の1日2回です。

スマホの誘惑から、この2つのタイミングを守るために、買った日から「使い方のルール」を実行しましょう。

子どもに伝える台詞はシンプルです。

「勉強しているときと寝るときは、スマホをリビングの充電器につないでおく約束ね。これが守れないならスマホは解約するから」

不服そうであれば、こんな説明を加えてあげてください。

「スマホが気になって、勉強にならないなんてことになったら困るからね。それに、スマホを触り過ぎて寝る時間が短くなると、学校の授業で居眠りして、しっかり聞けなくなるでしょ？」

学校の授業をしっかり聞くのが大前提であることは、何度もお伝えした通りです。もうすでに買い与えてしまった場合は、仕切り直しを早急にし、ルールを伝えてください。

〖ルール④〗調べ物は親のスマホで

今の中学生は、あまり辞書を引きません。

これには賛否両論あるのは、もちろんわかっていますが、手元のスマホですぐさま検索できるので、辞書を持ってきて開いて調べるという行動が減ってきているのは紛れもない事実です。

むしろ、インターネットを使って必要な情報を調べるという技術のほうが、これからは大切になってきます。

こんな状況ですから、勉強時の子どもたちからこんな声がかかるかもしれません。

「ネットで調べたいことがあるんだけど、自分のスマホを使って調べていい?」

いいですか、間違っても「いいよ」などと返事をしないでください。

子ども自身のスマホを使わせると、たちまち誘惑が襲ってきます。

調べ物をしている最中に、LINEで友だちからの通知がくる。

検索窓の下にあるヤフーニュースを思わずクリックしてしまう。

思わずスマホゲームを開いてしまう。

こんな展開にならぬように、

「私のスマホで調べなさい」

と返事をします。

もしも余っているタブレット端末などがあれば、調べ物専用として使わせるのもいいですね。

お子さんを、誘惑と戦わせないことが大切です。勉強時には、例外なく自分のスマホには触らせないようにしましょう。

☑スマホ以外の誘惑対策もしっかりする

その他の勉強を妨げる誘惑についても、少しだけ書いておきます。

ラインナップは「ポータブルゲーム機」「マンガ」「本」ぐらいでしょうか。

誘惑対策の基本は「誘惑とは戦わせない」「物理的に制限する」。

その子にとって、勉強の妨げになっていそうなものは、勉強する場所から遠ざけましょう。

ポータブルゲーム機は、スマホと同様に常に部屋に持ち込ませないことを基本にしつつ、テスト前になったらしばらく預かる、と約束するのがいいですね。

実際に当塾では、定期テスト前に生徒たちの勉強を妨げるグッズを預かって、物理的に制限します。

スマホやゲーム機、ときにはバスケットボールやデスクトップパソコンの本体まで！

生徒によっては、塾での休憩時間だけ触ってもいいという約束をしたりと、制限具合は調整しています。

厳しいことをいうようですが、**お子さんが誘惑に負けて勉強時間中に他の事をしてしまうならば、それはそんな環境を作った親御さんに責任があります。誘惑と戦わなくてもいい環境を、用意してあげてください。**

ちなみに、制限が非常に難しい最強の誘惑は「落書き」と「睡魔」と「妄想」です。

【サポートルール④】

勉強場所を整える

ご家庭におけるお子さんの勉強場所は、たいてい2か所です。

お子さん自身の部屋か、リビングですね。「リビング学習」なんていう言葉もここ10年で定着しました。

☑「親の目」があると成績がいい!?

小学生であれば、私がオススメする勉強場所は断然リビングです。
理由はひと言、「人目があるから」。
リビング学習でしたら、親御さんがお子さんの勉強の取り組み具合を、遠目から確認することができます。

集中してやれているかどうか、他の事をしてしまっていないかどうか、ピントの外れた勉強をしていないかどうか。

密室である子どもの部屋では確認できない、こういった情報を親が把握して、声かけをすることができます。

お子さん側からしても、親御さんの目があることで、気を緩めずに取り組むことができてプラスになります。

目標に向けて、密室で黙々と勉強ができる小学生など、そうはいません。それは小学生にとって、とても難易度の高い行為なのです。

リビング学習を行うため、親御さんが準備するのは1点だけ。

「テレビを消す」ことです。

家族で話し合って協力を得てください。家族がその時間に見たかったテレビ番組は録画しましょう。

リビング学習を実施していく中で、もしもどこかのタイミングで1人で順調に集中して取り組めていることを確認できたならば、子ども部屋での勉強にも挑戦してみるといいと思います。

時期としてオススメなのは、中学生活にも慣れた夏休み頃からでしょうか。

お子さんが部屋での学習を行うために親がすべき準備も1点だけ。

先にも書きましたが、「勉強を妨げる誘惑をすべて部屋から出す」ことですね。スマホやタブレット、ポータブルゲーム機はもちろんのこと、ノートパソコンも部屋の外に出します。

「勉強を妨げる誘惑は睡魔だけ」という状況を作ってから、部屋での学習に挑戦しましょう。

最終的に、リビングでも部屋でも、集中して勉強に取り組めるようになるといいですね。

☑小さいきょうだいがいる場合には？

弟さんや妹さんがいる家庭では、どのように勉強場所を整えればいいのでしょうか。

弟妹が小学校3年生以上であれば、一緒に勉強するのもいいでしょう。

弟さんや妹さんが張り切ってがんばる場合も多いようです。本を読ませるのもオススメです。

それより幼い場合は、弟さんや妹さんが寝た後（夜）か、起きる前（朝）に勉強タイムを設定するご家庭も多いようです。

また、子ども部屋で勉強できるように、早いうちから環境を整えているご家庭もあります。

いずれにせよ、あまりにきょうだいが小さいと、リビングで勉強しようものなら、悪気なく慕って絡みに来てしまうことも多いようです。

その点を踏まえて、ご家庭にあった形でフォローしてあげてほしいと思います。

【サポートルール⑤】

才能ではなく努力をほめる

たとえば、お子さんが学校の算数のテストで100点満点を取ったとします。

親御さんにほめてほしくて、認めてほしくて、意気揚々と答案用紙を見せてきました。

さて、どう声をかけますか？

もしも「すごいね！　才能があるのね！」なんて声をかけたら、それは子どもの能力の成長を邪魔してしまうかもしれません。

恐ろしいことですが、親の間違った声かけは、子どもの能力の足を引っ張るのです。

壁に当たったときの〝弱い子〟と〝強い子〟の違い

・生まれついた能力をほめられ続けた子どもたちは、うまく点数が取れないときに不快感を高め、自信を無くして点数を落とす傾向がある

・さらに、才能が無いと思われることを恐れて、自分をよく見せようと嘘をついたり、愚かな行動に出るようになる

スタンフォード大学のキャロル・S・ドゥエック教授が、著書『マインドセット「やればできる!」の研究』(草思社)の中で、右のようなことを書かれていました。

この事実を知ったときに私はゾッとしました。

何気なく、ただ〝よかれ〟と思って子どもにかけていた言葉が、もしかしたら子どもの能力を削いでいるかもしれないなどとは、にわかには信じがたかったのです。

ただ、子どもの立場に立って想像してみると、

「僕は算数の才能があるんだ。お母さんがそういっていつもほめてくれるから。でもこの問題は難しくて解けないや……。もしかして本当は才能ないのかな？」

「才能がないことが、お母さんに知られたらガッカリされるかな。そんなの嫌だな。ごまかしてでも、お母さんの前では算数の才能があるように見せたいな」

こんな心境になるのかもしれません。

才能をほめられて育った子は、壁に当たったときに弱いそうです。

「問題が解けないのは才能が足りないから」と思い、心が折れてしまうのがその理由だといいます。

一度心が折れてしまうと、その後に簡単な問題が出題されても、正答率は回復せずに低いままなのだそうです。

〝才能をほめる〟ことの影響力の強さと怖さ、感じていただけたでしょうか。

ほめ方1つで成績はグンと変わる

「すごいね！　よくがんばったわね！」これが子どもの能力を伸ばす声かけです。生まれついた才能ではなく、取り組んだ努力をほめてあげるのです。

努力をほめられて育った子どもは、うまく点数が取れなかったときにどのような反応をするのでしょうか。

もちろん才能をほめられて育った子どものように、不快感を持つところまでは一緒でしょうが、ここからが違います。

うまく点数が取れなかった理由を、「努力が足らなかった」と考えるのです。

解けないことを取り返しのつかない失敗とは思わず、自分の能力が足りないとも思いません。

問題を解けないことで心が折れたりせず、難問に対しておもしろいとまで思える、しなやかな心を持つのです。

失敗を恐れず、前向きに努力を重ねることができるようになります。努力を親にほめられている子どもは、努力を重ねる大切さを知って育つのです。

「ほめ方1つでこうも変わるか?」とお思いでしょうか?

ほめ方1つでこうも変わるのです。お子さんへの声かけ、今日から意識してみてください。

才能ではなく努力こそをほめてあげてください。お子さんは今日からでも変わっていきます。

【サポートルール⑥】

最初にほめて、後からアドバイス

「もう私のいうことはまったく聞かないんです」

思春期に入ったお子さんを持つ親御さんが決まっておっしゃるのが、この言葉。

親御さんは生まれてからずっと、お子さんの面倒を見続け、「この子のため」と思って、〝いわなくてはいけないこと〟をいい続けてきたはずです。その結果、子どもは「耳にタコ」状態。つまりは、いわれることに慣れっこになってしまうのです。

そんな中、子どもたちは中学に入り反抗期を迎えます。

それをわかっていながらも、親はついつい小学生の頃と同じように子どもにアドバイスをしてしまい、猛反発を受けるというわけです。

☑「アドバイス」という名のお説教&自慢話

たとえば、こんなシチュエーション。

母「数学の点数が全然取れてないわね。後半の応用問題のところ、手がつけられてないじゃない。ちゃんと勉強したの？」

このひと言で、すでに子どもの心の扉は固く閉ざされてしまいます。

確かに、指摘通り勉強不足なのですが、「真実をいい当てれば、いうことを聞く」というゲームではないのです。

子「あぁ、ちゃんと勉強はやったよ。時間が足りなかったんだよ。難しくてみんな取れてないんだって」

母「でも、平均点そんなに低くないじゃない。どうせ好きな社会ばっかりやって、あんまり勉強してなかったんでしょ？　ちゃんと全体を考えて、バランスよく勉強しなさい。いつもお母さんそういってるでしょ？」

（勢いづいて、さらに畳み掛ける）

母「お母さんが中学生のときは、いつも提出課題は5日前には全部終わってたのよ。そこから教科書をもう一度読み込んでね……」

子どもはすでに、話を聞いていません。心中では「ハイまた自慢～。自分のことしゃべりたいだけ～。もう本当に勘弁してほしい」。


直球で短所を指摘したうえに、正論をまくしたてる。

しかも、自慢のような自分の成功体験をとうとうと語る。

そして、いかにも役に立つアドバイスをしたかのような顔をしている。


ずいぶんと意地の悪い書き方になってしまいましたが、このやり取りを冷静に見たときに、「これでは、子どもは耳を貸さないな」と思うはずです。

お子さんはもちろん、親御さんもお子さんに甘えがあり、「いわなくてもいいこと」をいったりしていませんか。

アドバイスという、隠れ蓑を使って。

それぐらいなら、口をつぐんでマスクをしていたほうが、よほどマシです。

☑どうしたら子どもの心に響くのか

親御さん、特にお母さんからしたら、中学に入学してもお子さんは「永遠の9歳」なのだそうです（喜多徹人『あなたの子どもはなぜ勉強しないのか』学びリンク）。

9歳の頃の、素直で100％お母さんのいうことを聞いてくれていた素敵な時代のお子さんが、永遠に続くと思っているわけです。

だから、中学校に入っても、それまでと同じように接してしまいます。

お母さんの気持ちは理解できなくもないですが、これでは無理が生じて、お子さんとの衝突は避けられないでしょう。

中学生は大人と子どもの過渡期。

小学生の頃のように、すべてを指示するような接し方をしてもいけませんし、大人扱いして本人の意思に任せきりにしてもいけません。

ちょうどその真ん中、**本人の意思を尊重しながら、想いを伝えるような対応が必要**

です。

では、どうすればいいのでしょうか。

中学生になると、定期テストの結果だったり、通知表だったり、お子さんの勉強の成果を見て所感を伝える場面がやってきます。

ここでの**鉄則は「まずほめる」**。

何かしら、ほめポイントを見つけてほめてあげてください。

「何をいわれるだろう……叱られるかな……」なんて身構えているお子さんの心を、ここで開くのです。

「あぁ、自分のことを思って、感想をいってくれているんだな」と、親御さんのいう言葉に耳を傾けられる心の姿勢を、ここで整えてもらうのです。

☑仲のいい友だちの距離感を意識する

最初にしっかりほめて子どもの聞く姿勢を整えた後に、伝えたいことを話していきましょう。

ここでまた小学生の頃に接していたように、100%いいたいことを一方的に伝えてしまったら、これまでの下ごしらえが台無しになります。

お子さんは再び心の扉を閉じて、こう思うはずです。

「ハイハイ、またはじまったよ。そうそう、お母さんがいうことがすべて正しいよ」

こうなってしまっては、どんな言葉もお子さんの心には響きません。

お子さん自身の意見にも耳を傾けながら、仲のいい友だちにアドバイスをするようなつもりで伝えていきましょう。

たとえば、次のようなやり方です。

母「今回はうまく数学の点数が取れなかったね。どんなところで点を落としたの？」

子「応用問題のところで落としちゃった。社会のテスト勉強に時間を割きすぎて、数学の応用問題まであまり手が回らなかったんだ」

母「そう。次のテストでまた同じことが起こらないように、次はどんなふうに勉強したらいいかな？」

子「んー……数学の勉強を先に終わらせる……かな」

母「それはいいかもね。そうしたら今度は、時間切れにならないだろうね」

ここまでまだ、お母さんの意見は伝えていません。徹底的にお子さんの意見を聞いた後、付け加えるようにアドバイスを伝えましょう。

母「ただ、次のテストで、社会と数学が逆になっただけの結果にならないように、すべての教科の問題集はテストの3日前までに終わらせるといいよね。今度は早めに仕上がるようにやってみたら？」

子「そうだね。ちょっと早めにテスト勉強はじめようかなぁ〜」

もちろん、こんなにうまくはいかないかもしれません。

ただ、**留意していただきたいのは、お子さんの反省と次の対策にしっかり耳を傾けてあげること**です。

そして優しくアドバイスを伝えましょう。


本当なら親御さんは、もっといいたいことがあるでしょう。

しかし、そこはグッとこらえてください。

心の扉の開き具合を見ながら、アドバイスを追加してもいいですが、くれぐれも、**話も聞かず頭ごなしにいうのだけは避け、あくまで親しい友だちにアドバイスするつもりの距離感を忘れない**でください。

また、アドバイスは小出しに伝えていきましょう。

そして、できることなら小6になったぐらいから徐々に、子ども自身の意見を尊重するような対応に変えていくのがいいと思います。

【サポートルール⑦】

二人三脚のひもを外す

さて、これまで何度も書いてきましたが、改めて親御さんがあまり認めたくない事実をお伝えします。

中学生になってどこかのタイミングで、お子さんは自我に目覚め、親離れをはじめます。

いつも親子二人三脚で困難を乗り越えてきたかもしれませんが、ここからお子さんは1人で歩きたがります。

この事実をしっかりと受け止めて、小6ぐらいから子離れをする準備をしていきましょう。

強く結ばれていた二人三脚のひもを外していきましょう。

ひもを外して、そこから具体的に何をすればいいのか？

1人で勉強をやらせていくのです。

勉強内容に関するアドバイスや指導を減らしていきましょう。

☑「思わず服を買いたくなる」店員さんを参考に

お店で服を見ているとき。

買うつもりで行ったのに、あまりに最初からグイグイ商品説明してこられて早々に退散したり、逆に呼んでも呼んでも店員さんが出てこなくて買う気をなくしたり、「買え～」という重い視線を投げてこられて辟易したりしたことはありませんか。


一方で、そんなに買うつもりがなかったのに、思わず買ってしまった感じのいい接客を受けたことはありませんか？

まずは、お客さんの様子をよく見て、声をかけられたらすぐに伺う。もしくは適度なタイミングでお声がけをして、求めるものをうまく聞き出し、それに対してアドバイスをする――。

この素敵な店員さんを参考にして、お子さんに接してほしいのです。

お子さんがリビングで勉強をはじめても、目は配りつつも声はかけずに他の事をする。

お子さんの手が止まってしまったり、質問してきたり、助けを求めてきたりしたときには、すぐに対応できるぐらいの距離感が理想です。

たとえば、算数の文章題で手が止まったとします。声かけのタイミングですね。

「詰まった？　教科書見てみたら？」

「わからないなら、飛ばして先に残りをやったら？」

あくまで次の行動を促すにとどめます。「自分でどうするか考えて進めてみたら？」というスタンスですね。

間違ってもいきなり「どれ、お母さんに任せなさい。算数得意だったのよ」なんて解説をはじめないでください。

それは小5までしか許されないアプローチです。小6からは、望まれるまではグッと我慢して待機です。

「この文章題がわからないんだけど、気になって先に進みたくないんだよね。お母さん教えて」

「県庁所在地が全然覚えられないんだけど、どうやったらいいかなぁ」

こんな子どもからのSOSを受け取ってから、はじめて手を貸してあげてください。

「お母さんでも解けるかしらね？　一緒に解いてみましょうか。わからなかったら先生に聞いてきてね」

「目を配りつつも他の事をする」

←

「変化があれば少し声がけ」

←

「助けを求めて来たら手を貸す」

という流れで見守りましょう。

感じのいい店員さんをお手本に、家庭で子どもと接するようにしてください。

＊　＊　＊

ちなみに、ずっと変わらず強権を発動して指導していただきたいのは、先にも述べたように、生活リズムと誘惑のコントロールです。

勉強内容ではなく、勉強周りの状況は、引き続き全力で整えてください。理想は話し合いですが、うまく整っていないときはスマホを解約してしまうなど、「これは本当にダメなんだ」と子どもにわからせ、一歩もゆずらない、大人の本気を見せることです。

【サポートルール④】

勉強場所を整える

⊳最初はリビング学習がオススメ

【サポートルール⑤】

才能ではなく努力をほめる

⊳ほめ方1つで成績はグンと変わる

【サポートルール⑥】

最初にほめて、後からアドバイス

⊳アドバイスは「聞く耳」を持たせてから

⊳仲のいい友だちの距離感を意識する

【サポートルール⑦】

二人三脚のひもを外す

⊳目は離さず、手は離す

親が心掛けたい 学習サポート

【サポートルール①】

生活リズムは親が死守

- 十分な睡眠と栄養ある食事を与える
- 就寝時間は親の守備範囲
- 朝食は必ず食べさせる

【サポートルール②】

毎日の勉強タイムを作る

- 習慣化のためにも〝ブレを少なく〟

【サポートルール③】

スマホを制する親は子の成績を制する

- スマホを持たせるタイミングは中1の３学期
- 契約時に「通信量制限」「使用時間帯制限」「フィルタリング」の3つの制限をかける
- 学習時と就寝時はリビングで充電
- 調べ物は親のスマホで
- スマホ以外の誘惑対策もぬかりなく

おわりに

「先生とか向いてるんじゃない？」

金山駅前のお好み焼店「ひろしま本店」にて、大学3年のときにサークルの後輩にいわれたこのひと言をきっかけに、私の塾講師人生ははじまりました。

後輩の予想は的中、私は学習塾講師という仕事の魅力に取りつかれ、どんどんハマっていきました。

それから学習指導を試行錯誤し続けて20年以上が経ち、成績を上げるために子どもたちに取り組んでもらう私なりの学習法が確立されていきました。

学習法を生徒に指導し子どもたちの成績が伸びたことで、新たに子どもたちに集まってきてもらえるようになると、今度は塾の広さが原因で受け入れ人数を制限せざるをえなくなってしまいました。

その頃から当塾は、ありがたくも毎年受け入れ人数の上限まで、子どもたちが集まってくれるようになったのです。

箱物商売といわれる学習塾にとって、受け入れ人数の上限は、その塾が地域の人たちの役に立てる上限です。

定員で受け入れを断らなくてはいけない事態が続くというのは、嬉しいような悲しいような、複雑な状況なわけです。

「教室の広さに制限されずに、もっともっと多くの人の役に立てたらいいな」

そんな想いをここ数年あたためていたところ、ご縁にも恵まれて、今回学習指導で頭を悩ませている日本中の親御さんへ、勉強法を届ける機会をいただけました。

出し惜しみなく私のすべてをこの本に書ききりました。

また、今回ご紹介した学習法に関しては、動画やブログなどでも発信をしています。当塾ブログ「さくら個別ができるまで」や、当塾のYouTubeチャンネル「さくら個別チャンネル」もご覧いただき、より理解を深めていただければ幸いです。


この本を読んでいただくことで、実際にお会いして直接指導をすることが難しかった、日本全国の小中学生のお子さんを持つご家庭の皆さんが、勉強面で少しでも楽になり、親子で笑いあえる時間が増えるのならば、これに勝る喜びはありません。


最後に。

今日まで私を支えてくださったすべての方に、本書を出すために力を貸してくださったすべての方に、本書を最後まで読んでくださったあなたに、感謝をお伝えさせてください。

ありがとうございました。

さくら個別指導学院　塾長
國立拓治

著者紹介

國立拓治（くにたて・たくじ）

1974 年愛知県春日井市生まれ。

大学卒業後、愛知県内の大手学習塾に勤めた後、愛知県岩倉市に「さくら個別指導学院」を開校。

中下位層（偏差値40～50）の子どもたちの指導を得意とし、「勉強を楽しみつつ、みるみる成績があがる塾」として評判に。
20 年強の指導歴で個別指導生徒数は 2,000 人を超え、中下位層の子どもたちの偏差値が 70 近くになることも珍しくないという実績も後押しし、中三生の募集は中二の年明け早々で締め切るほどの大人気となる。
また、さくら個別指導学院の開校日から 13 年間、一日も欠かさず更新しているブログは月間 50 万ＰＶを超えるほどの人気となっている。

このブログをきっかけにして、全国の小中学生のお子さんを持つ親御さんはもちろんのこと、同業者である学習塾、さらにはアメリカ、ベルギー、中国、インドネシアなど、世界各国より日本に帰国するご家庭からの学習相談が殺到している。

●さくら個別指導学院ＨＰ
https://sakura-kobetu.jp/

●さくら個別指導チャンネル
（YouTube）→

小学生《しょうがくせい》のうちに身《み》につけたい！

「勉強《べんきょう》」のキホン　〈検印省略〉

2019年　3　月　28　日　第　1　刷発行
2025年　1　月　5　日　第　6　刷発行

著　者――國立 拓治（くにたて・たくじ）
発行者――田賀井 弘毅

発行所――株式会社あさ出版
〒171-0022 東京都豊島区南池袋 2-9-9 第一池袋ホワイトビル 6F
電　話　03 (3983) 3225（販売）
　　　　03 (3983) 3227（編集）
F A X　03 (3983) 3226
U R L　http://www.asa21.com/
E-mail　info@asa21.com

印刷・製本 美研プリンティング(株)

note　http://note.com/asapublishing/
facebook　http://www.facebook.com/asapublishing
X　http://twitter.com/asapublishing

ISBN978-4-86667-109-3 C0037